D1140463

Georg Schwikart

Was bleibt,
ist die Erinnerung

Georg Schwikart

Was bleibt, ist die Erinnerung

Ein Begleiter durch die Trauerzeit

Vier-Türme-Verlag

Bibliographische Information der Deutschen Nationalbibliothek

Die Deutsche Nationalbibliothek verzeichnet diese Publikation in der Deutschen Nationalbibliographie. Detaillierte bibliographische Daten sind im Internet über http://dnb.d-nb.de abrufbar.

1. Auflage 2014

Lektorat: Dr. Ulrike Strerath-Bolz
Umschlaggestaltung: Catherina Avak
Umschlagmotiv: K.-U. Häßler / Fotolia.com
Druck und Bindung: Pustet, Regensburg
ISBN 978-3-89680-911-7

www.vier-tuerme-verlag.de

INHALT

Kann man falsch trauern?

Eine absurde Frage. Denn Trauer ist individuell. Sie ist intim – aber mitunter auch öffentlich. Sie macht schwermütig – aber manchmal auch wütend. Sie kann Glaubende zum Zweifeln bringen, und Zweifelnde ans Glauben.

Kann man richtig trauern? Auch diese Frage wäre Unsinn. Jede und jeder trauert anders, stellt andere Fragen, hat andere Dinge zu klären.

Doch Trauer ist immer eine Konfrontation mit der Endlichkeit unserer irdischen Existenz. Zwar weiß, wie uns Entwicklungspsychologen erklären, buchstäblich jedes Kind: Wir Menschen sind sterblich! Doch wenn es dann so weit ist und wir einen Menschen verabschieden müssen, der uns etwas bedeutet hat, dann hilft alle Theorie nicht viel.

Dann können die Gedanken wild durcheinandergehen. Dann werden wir mit Impulsen aus unserer Tiefe konfrontiert, die überraschen und verunsichern. Dann kann es aber beruhigend sein zu sehen: Viele Überlegungen sind nicht neu; schon Generationen vor uns haben sich mit dem Tod auseinandergesetzt.

Dieses Buch bietet eine breite Auswahl an Texten aus verschiedensten Jahrhunderten und Regionen der Welt an: analytische und lyrische, poetische und meditative, erklärende und darstellende. Sie setzen sich mal betend, mal erzählend mit der Endlichkeit auseinander. Sie finden Bilder für die Trauer, bieten Worte an für das Unsagbare, helfen, mit etwas umzugehen, worauf wir uns nicht vorbereiten konnten.

Es gibt wahrlich Angenehmeres, als sich mit dem Tod zu beschäftigen. Doch die Rückseite des Themas heißt: Leben. Als Lebende trauern wir, als Lebende lesen wir dieses Buch. Als Lebende haben wir Einfluss, wie wir mit dem umgehen, was wir nicht beeinflussen können.

Ich wünsche Ihnen, dass die Lektüre Schneisen durch Ihre Trauer schlägt, damit Sie einen Weg finden zurück ins Leben.

Georg Schwikart
am Trinitatisfest 2014

I

Faszination Tod

Der Tod ist der einzige Garten.

YANG LIAN

Unerklärlich

Darum soll die Rede sich jeglicher Erklärung enthalten; so wie der Tod das Allerletzte ist, so soll dies das Letzte sein, das über ihn gesagt wird: er ist unerklärlich. Die Unerklärlichkeit ist die Grenze, und die Bedeutung der Aussage ist allein, dem Gedanken des Todes rückwirkende Kraft zu geben, ihn zu einem Ansporn im Leben zu machen, weil mit der Entscheidung des Todes es vorüber ist, und weil die Ungewissheit des Todes jeden Augenblick nachsieht. Die Unerklärlichkeit ist daher keine Aufforderung Rätsel zu raten, keine Einladung dazu geistreich zu sein, sondern des Todes ernste Mahnung an den Lebenden: »Ich habe keine Erklärung nötig, du bedenke, dass mit dieser Entscheidung es vorüber ist, und dass sie jeglichen Augenblick zur Stelle sein kann; siehe, dies ist für dich wohl des Bedenkens wert.«

SÖREN KIERKEGAARD

Abschied von der Rose auf meinem Klavier

Gestern um Mitternacht,
als wir zusammen in die Stille träumten,
bist du gestorben.
Weich seufzten
deine Blätter, als sie fielen
mit einem Hauch,
in dem noch einmal alles lag:
Der wilde Trieb,
die Knospe,
staunendes Erblühen,
die tiefe Kraft des Mittags
und der duftende Verfall.

Sanft streift dein Tod mein Leben.

IRIS SCHÜRMANN-MOCK

Tod! alter seemann – auf zum ankerlichten:
Dies land hier sind wir müd – o Tod voraus!
Mag luft und meer zu tinte sich verdichten
Sind unsre herzen doch ein Strahlenhaus.

Gib uns dein gift! es soll von trost uns reden
Lass uns – ein wildes feuer uns durchfuhr –
Zum abgrund tauchen – hölle oder eden –
Zum Unbekannten nach des Neuen spur!

CHARLES BAUDELAIRE

Ich lebe mein Leben in wachsenden Ringen

Ich lebe mein Leben in wachsenden Ringen,
die sich über die Dinge ziehn.
Ich werde den letzten vielleicht nicht vollbringen,
aber versuchen will ich ihn.

Ich kreise um Gott, um den uralten Turm,
und ich kreise jahrtausendelang;
und ich weiß noch nicht: bin ich ein Falke, ein Sturm
oder ein großer Gesang.

RAINER MARIA RILKE

Schlaf (Auszug)

Ich überlegte, der wievielte Tag ohne Schlaf dies war. Am Dienstag vorletzter Woche hatte ich das erste Mal nicht geschlafen. Dann war also heute der siebzehnte Tag. Siebzehn Tage lang habe ich nicht ein einziges Mal geschlafen. Siebzehn Tage und siebzehn Nächte. Eine sehr, sehr lange Zeit. Ich erinnerte mich bereits nicht mehr daran, was Schlaf war.

Ich schloss die Augen und versuchte, mir das Gefühl von Schlaf ins Gedächtnis zu rufen. Aber ich fand nur eine wache Dunkelheit vor. Wache Dunkelheit – ich dachte an den Tod.

Muss ich sterben?, fragte ich mich. Wenn ich jetzt sterbe, was wäre dann mein Leben gewesen?

Natürlich wusste ich darauf keine Antwort.

Also gut, was ist dann der Tod?

Bis dahin hatte ich mir den Schlaf als eine Art Vorform des Todes gedacht. Auf der Verlängerungslinie des Schlafes steht der Tod, hatte ich mir vorgestellt. Der Tod als ein bewusstloser Schlaf, viel tiefer jedoch als der normale Schlaf – ein ewiges Ausruhen, ein Blackout.

Aber vielleicht ist das falsch, dachte ich plötzlich. Ist der Tod nicht völlig anders beschaffen als der Schlaf – eine endlos tiefe, wache Dunkelheit vielleicht, wie ich sie jetzt vor mir sehe. Vielleicht ist der Tod ein ewiges Wachsein in der Finsternis. Nein, das ist zu grausam. Wenn der Tod kein Ausruhen ist, welche Erlösung bleibt uns dann in unserem unvollkommenen Leben voller Entbehrungen? Doch schließlich weiß niemand, was der Tod ist. Wer hat den Tod denn wirklich gesehen? Niemand. Die den Tod gesehen haben, sind tot. Von den Lebenden weiß niemand, was der Tod ist. Es sind alles bloß Vermutungen. Welche Vermutung es auch sein mag, sie bleibt Vermutung. Dass der Tod ein Ausruhen sein soll, ist unlogisch. Dazu muss man sterben. Der Tod kann alles Mögliche sein.

Bei diesem Gedanken überkam mich plötzlich eine schreckliche Furcht. Ein eiskalter Schauer lief mir über den Rücken und ließ mich erstarren. Ich hatte die Augen noch immer geschlossen. Ich war unfähig, sie zu öffnen. Ich starrte in die dichte Dunkelheit vor meinen Augen. Sie war so weit wie das Universum, und es gab keine Erlösung. Ich war ganz allein. Mein Geist konzentrierte sich und wurde weit. Ich hatte das Gefühl, als könne ich bis in die Tiefe des Universums blicken, wenn ich wollte. Doch ich tat es nicht. Noch zu früh, dachte ich.

Wenn das der Tod war, was sollte ich dann machen? Wenn sterben hieße, ewig wach zu sein und in die Dunkelheit zu starren?

Endlich gelang es mir, meine Augen zu öffnen. Ich nahm das Glas mit dem restlichen Cognac und trank es in einem Zug aus.

HARUKI MURAKAMI

Gehen

Streben, Begrüßen, Gehen to go
Reflektieren, Ankommen, Zweifeln to go
Langweilen, Bleiben, Beginnen to go
Hasten, Ruhen, Hassen to go

Begehren to go

Berühren, Fragen, Erinnern to go
Wünschen Verlieren Entzünden to go
Besitzen, Verschwenden, Kränkeln to go
Hassen, Wachsen, Verabschieden to go

Ängstigen to go

Vergiften, Hoffen, Erfüllen to go
Genießen, Schreien, Altern to go
Spüren, Befrieden, Schenken to go
Vergeben, Befriedigen, Fragen to go

Leben to go

KLAUS SCHUBERT

Was man weitersagen kann, ist erträglich. Das Sterben kann man nicht mehr weitersagen. Da muss man etwas hinnehmen, worüber man nicht mehr sprechen kann. Man kann nachher keinem sagen, wie es war. Das ist das einzig Schlimme am Tod, dass er das letzte Wort hat und dass das keins mehr ist.

MARTIN WALSER

Mitten im Leben

So vieles ist uns zur Trauer gegeben, dass der Sinn des Lebens in nichts anderem als in unserer Traurigkeit zu bestehen scheint. In Wien, der Hauptstadt des Todes, hat die Strudlhofstiege uns ein ewiges Denkmal gesetzt. Seitdem fährt man mit dem Wagen über den Zentralfriedhof, weil man all die Toten, die man dort besuchen möchte, sonst in einer einzigen Lebenspanne nicht verabschieden könnte. Aber Abschied hat zu sein, auch wenn diesen die Sterbenden nicht aushalten. Sie wollen mittlerweile toter als tot sein. In einer Aschenurne daheim so wie in Peking, anonym unter der Erde wie in Berlin, tief im Ozean wie in Vancouver, damit man sie nicht mehr anklagen kann, so weinerlich in einer Kladde: Warum hast du mich verlassen.

Ich habe nie etwas anderes als den Tod kennengelernt. Leben war meiner Generation nicht erlaubt.

Man hatte sich zu rechtfertigen für all die Toten, die man nicht auf dem Gewissen hatte. So ging das und geht das seit 1945. Nur die Nachgeborenen können belangt werden, und sie werden belangt von allerhand Interessen.

Welche Nachricht von welchem baldigen Tode erhalte ich heute? ist mittlerweile die Frage nach der täglichen Post. Man bricht dann auf, um vielleicht einander ein letztes Mal zu sehen. Schon lange nicht mehr gefüllt ist mein Flachmann. Bei all den Aufbrüchen und den letzten Anblicken fragt er sich, was er noch an Trost zu bieten hat. Er machte die Traurigkeit doch nur noch trauriger.

Was aber ist es, das uns in einem letzten Moment so verzweifelt macht? Das Unabdingbare? Das Unwiederbringliche? All das, was ungesagt bleibt und nur zu einem letzten Zerwürfnis führen würde? Niemand will im Sterben hören, dass der Tod seine letzte Fähre ausgesandt hat. Kann uns nichts begleiten in die Stunde der Wahrheit?

Paulus spricht im Korintherbrief geheimnisvoll von der göttlichen Traurigkeit. In der Wehmut hat Gott also sein Ebenbild im Menschen! Wir machen uns so gesehen im guten Sinn dem Schöpfer gleich, wenn wir uns dem Leidmut ergeben. Wir sehen dann wirklich mehr, wie der Apostel meint? Konfuzius hinterließ uns ein ähnlich großes Wort: Wenn ein Vogel sterbe, singe er voller Schwermut, wenn ein Mensch sterbe, seien seine letzten Worte

»gut«. Wie sollen wir dieses Gute verstehen? Als die Erfüllung des Lebens im letzten Atemzug? Der taoistische Philosoph Zhuang Zi meint es ähnlich »gut« mit uns. Wie Hegel anerkennt er die Trauer des Einzelnen nicht. Im Tod seien wir nur einer Wandlung unterworfen, so wie unser Leben nichts anderes als eine stetige Wandlung sei.

Ich bin von Haus aus Nostalgiker, denn ich liebe wie Mencius die ferne Vergangenheit. Die Modernen haben mir nicht viel zu sagen. Wenn Derrida den Tod als Nicht-Antwort sieht, bietet er mir keinerlei Antwort an. Wenn Josef Pieper dagegen uns an unsere Wanderschaft auf Erden erinnert, welche die Alten als den Sinn des Lebens verstanden, dann kann ich weiterdenken. An die letzte Fahrt, die Teil dieses Unterwegsseins zu Gott und zu uns ist. Sokrates sah uns auf einer Planke im Ozean, Su Dongpo als Reiskorn im Weltenmeer. Andere sprachen vom Großen Weg, vom Tao, dessen wichtiger Teil wir waren, sind und sein werden.

Sind wir also wirklich die Blumen, die verworfen in der Grube enden, wie der Blumenmaler Emil Nolde einmal befand? Lao Zi würde dem nicht zustimmen. Auch er hielt es mit dem Buch der Wandlungen. Einmal Yin, einmal Yang, das ist das Tao. So sind wir manchmal dieses Yin und manchmal dieses Yang, aber immer sind wir umfangen. Mitten im Leben, nicht nur vom Tod. Deswegen sollen wir loslassen können in unserer Festung der Einsamkeit und darauf vertrauen, dass es uns zuteil wird, das Große, als Tao oder Logos. Wir könnten so beruhigt den letzten Boten erwarten, von dem es bei Hiob so schön heißt: »Nur ich allein konnte entkommen, um es dir zu melden.«

WOLFGANG KUBIN

Ameisenhügel

Meine Mutter war tot, sehr tot, und ich wollte nicht, dass meine Mutter tot war. Aber sie war nun mal tot, und auf den Dächern lag so hoch Schnee wie das ganze Jahr nicht. So hoch, dass es keine Schornsteine mehr gab. Die Stadt war ein ewiges Eis, nicht nur die Stadt. Vor und hinter der Stadt gab es Hügel, die waren von Kindern besiedelt, die den harschen Schnee zu Bällen formten oder auf Plastikschalen ins Tal rutschten. Die Hügel sahen von Weitem so aus, als krabbelten lauter Tierchen auf ihnen herum. Ameisenkinder waren da, tausend und noch mehr tausend Ameisenkinder. Ich war froh, dass die nicht mir gehörten.

Und dann fiel mein Blick wieder auf meine Mutter, die sehr tot war. Sie war tot, obwohl ich das nicht wollte. Das hatte auch vorher niemand gesagt, das konnte ja auch niemand wissen. Woher sollte das jemand wissen, da guckt doch keiner rein, und die Ameisenkinder auf ihren Plastikschalen die konnten auch nichts dafür.

Aber warum siedelten die da oben auf den Hängen, hatten die denn kein zu Hause? Wo waren denn die Großen, wie könnte ich sie nennen, die Großen? Vielleicht Väter? Ja, wo waren die Väter, wo waren die denn?

Mein Bruder hat immer gesagt: »Vater ist nie da.«

Das Licht stand so gerade über den Dächern, dass der Schnee feine Risse bekam. Ja, wo waren die denn? Die Frage hat meine Mutter nicht gestellt, die wusste alles. Ja, wusste sie alles? Da bin ich mir gar nicht so sicher. Und wenn schon, und wenn schon nicht. Mein Bruder hat immer gesagt, und die Ameisenkinder rutschten, die johlten mir zu laut, denn meine Mutter war sehr tot, meine Mutter.

ADRIENNE BREHMER

Der Tod ist eine kollektive Gewohnheit.

NICANOR PARRA

Herr, lehre uns bedenken, dass wir sterben müssen, auf dass wir klug werden.

AUS PSALM 90

Die Menschen haben vor dem Tod zu viel Achtung, gemessen an der geringen Achtung, die sie vor dem Leben haben.

HENRY DE MONTHERLANT

Ich habe alle meine Augenblicke schon erlebt. Es ist fertig, und ich bin noch da.

IMRE KERTÉSZ

Niemand kennt den Tod. Es weiß auch keiner, ob er nicht das größte Geschenk für den Menschen ist.

SOKRATES

Wenn ich sterbe, dann wenigstens in der ganzen und sicheren Hoffnung, dass es keine Auferstehung gibt, sondern dass mit dem Tod alles erledigt ist.

SAMUEL BUTLER

Die Ursprache des Menschen – oder: Der Mensch lebt nicht vom Brot allein

In einer Chronik aus Parma, datiert auf das Jahr 1268, wird uns von einem schlimmen und unmenschlichen Experiment berichtet:

Friedrich II. von Hohenstaufen wollte nämlich die Ursprache der Menschen finden. Er glaubte sie herausfinden zu können, wenn beobachtet werde, in welcher Sprache Kinder zu reden anfangen, mit denen vorher niemand spricht. Deshalb befahl er den Ammen und Pflegerinnen, so heißt es in der Chronik, »dass sie den Kindern Milch geben, dass sie sie an den Brüsten säugen möchten, sie baden und waschen, aber in keiner Weise mit ihnen schöntun und mit ihnen sprechen ... Er wollte nämlich herausfinden, ob sie die hebräische Sprache sprächen als die älteste, oder griechisch oder latein oder arabisch oder aber die Sprache ihrer Eltern, die sie geboren hatten«.

Vielleicht vermuten Sie bereits, was bei diesem Experiment aus dem 13. Jahrhundert herauskam?

Keines der Kinder hatte auch nur den Hauch einer Überlebenschance. Sie alle starben, denn – so lesen wir in dieser Chronik – »sie vermochten nicht zu leben ohne das Händepatschen und das fröhliche Gesichterschneiden und die Koseworte ihrer Ammen und Nährerinnen«.

Die Ursprache des Menschen, die Friedrich II. von Hohenstaufen hier herausfinden wollte, kam bei diesem unmenschlichen Experiment nicht heraus, wohl aber die Wahrheit: Der Mensch lebt nicht vom Brot allein. Ohne menschliche Zuneigung, ohne menschliche Liebe und Geborgenheit kann kein Mensch leben, auch wir nicht.

Was wären wir in unserem Leben ohne die Liebe, die jeder und jede von uns bereits erfahren hat. Was wären wir ohne die tröstenden und aufbauenden Worte eines Mitmenschen, ohne das liebevolle Schulterklopfen eines Freundes, ohne die Zuneigung von anderen ...?

Diese Sprache der Liebe ist die erste und wichtigste in unserem Leben, ohne die auch wir in unserem Leben nicht den Hauch einer Chance hätten, sondern wir wären, wie die Kinder dieses unmenschlichen Experimentes, dem Tod geweiht. Überall da, wo wir in unserem Leben etwas von der lebensspendenden Liebe erfahren haben, und überall da, wo wir uns um ein menschliches Miteinander bemühen und diese Sprache der Liebe zu sprechen versuchen, sind wir Protestierer gegen den Tod. Zugleich leuchtet damit in unserer Welt etwas auf von dem Gott, der im 1. Johannesbrief (4,16) als Liebe bezeichnet wird.

JÜRGEN WEBER

Der Prophet des Windes (Auszug)

»Ihr seid nicht unsterblich, aber ihr lebt so, als wäret ihr es. Ihr seid unsterblich, aber ihr lebt so, als wäret ihr es nicht. Was würdet ihr von einem Leben ohne Tod lernen, wenn ihr doch, obwohl ihr sterben müsst, nicht zu leben wisst?

Der Tod ist die sachteste Liebkosung, die das Leben euch schenkt. Wenn ihr bei der Berührung schreit, dann deshalb, weil ihr beim Anblick denkt: ›Nichts ist mehr.‹ Aber so wie jede Note ausklingt, um der Stille Platz zu machen, ohne die eine neue Note nicht entstehen kann, so flicht der Tod Melodien mit dem Leben, die ihr nicht anhört, weil ihr jeden einzelnen Ton festhalten wollt, indem ihr ihm zuruft: ›Bleib für immer da!‹

Aber die geliebten Wurzeln eurer Bäume sind dazu bestimmt, zu Blättern zu werden, die eure Augen nicht sehen können, auch wenn ihr jeden Tag ihr Rascheln im Wind hören könnt.

Und in der Erwartung, dass der Wind auch euch auf seine Flügel nimmt, vergeudet nicht die Tage damit, das Hab und Gut des Verstorbenen zu verteilen, sondern bittet ihn noch auf dem Sterbebett um das Vermächtnis seiner Weisheit, damit er nicht umsonst gelebt hat. Die Dinge, die er erfahren und erlebt hat: Sie sind euer größtes Erbe!

Und wenn beim Sterben sein ganzes Leben noch einmal an euch vorüberzieht und es euch scheint, als würde jeder einzelne Moment entschwinden, so vergebt ihm und bittet ihn um Vergebung, damit jeder einzelne Moment wieder zum Leben erwacht.«

STEFANO BIAVASCHI

Schau sie an

heute eine Tote gesehen
alte Freundin
und berührt
schon kalt
und geweint
über sie
über mich
der ich sie neidisch betrachte
sie hat's geschafft
ich muss noch marschieren
obwohl ich doch so müde bin
todmüde, lebensmüde
der Friede auf ihrem Antlitz
macht mir Mut

GEORG SCHWIKART

De profundis

Lieber Gott,
so hörte er sich selber wieder beten,
lass mich doch tot bleiben.
Muss das denn sein, das mit der Auferstehung?
Warum darf ich nicht einfach tot bleiben
oder besser noch
gar nicht da gewesen sein?

MICHAEL ZIELONKA

Schlussstück

Der Tod ist groß.
Wir sind die Seinen
lachenden Munds.

Wenn wir uns mitten im Leben meinen,
wagt er zu weinen
mitten in uns.

RAINER MARIA RILKE

II

Der Tod als Feind des Lebens

Ich beneide jeden, der es geschafft hat.
Das Sterben.

MARTIN WALSER

Weigerung

Das stimmt nicht!
Man hat sich vertan!
Es muss eine Verwechslung sein!
Ich war doch gestern noch bei dir.
Ich kann es einfach nicht glauben.

Es kann nicht sein;
ich hörte eben noch deine Stimme,
sah dich über die Straße gehen.

Ich weigere mich, es zu glauben.
Ich stürze mich in Beschäftigung,
tue so, als ob nichts wäre.

Das Wort nehme ich nicht in den Mund,
das schreckliche Wort mit den drei Buchstaben.

GEORG SCHWIKART

Ich sagte: In der Mitte meiner Tage muss ich hinab zu den Pforten der Unterwelt, man raubt mir den Rest meiner Jahre. Ich sagte: Ich darf den Herrn nicht mehr schauen im Land der Lebenden, keinen Menschen mehr sehen bei den Bewohnern der Erde. Meine Hütte bricht man über mir ab, man schafft sie weg wie das Zelt eines Hirten. Wie ein Weber hast du mein Leben zu Ende gewoben, du schneidest mich ab wie ein fertig gewobenes Tuch. Vom Anbruch des Tages bis in die Nacht gibst du mich völlig preis; bis zum Morgen schreie ich um Hilfe ... Ich bin in Not, Herr. Steh mir bei!

JESAJA, AUS KAPITEL 38

Kein Mensch ist eine Insel, ganz nur sich selbst gehörig; jeder Mensch ist ein Stück des Kontinents, ein Teil des Ganzen. Wenn ein Erdklumpen von der See weggewaschen wird, so wird Europa ebenso etwas weniger, als wäre es ein ganzes Vorgebirge, ebenso, als wäre es ein Landgut eines deiner Freunde oder dein eigenes: der Tod jedes Menschen vermindert mich, weil ich mit der Menschheit verflochten bin. Deshalb sende niemals Boten aus um zu erfahren, für wen die Glocke läutet – sie läutet für dich.

JOHN DONNE

Warum?

Warum hast Du uns verlassen? Warum bist Du nach unserem Streit aus dem Haus gestürmt ohne Papiere, ohne Geld, ohne Handy, hast das Auto weit weg auf einem einsamen Parkplatz abgestellt und Dein Leben an einen Ast gehängt? Warum hast Du das getan?

Sieben Tage, sieben endlose Tage und Nächte zwischen Hoffnung und Verzweiflung, bis der Hund eines Wanderers Dich gefunden hat.

Wie soll ich unseren Kindern erklären, dass ihr Vater sie auf diese Weise verlassen hat? Wie soll ich sie trösten? Dein Ältester weigert sich, in die Schule zu gehen, und sagt mir nicht, warum. Er sperrt sich in seinem Zimmer ein, ist für niemanden erreichbar. Sein Bruder reagiert mit Wutanfällen, und die Kleine wird nachts wach und ruft nach Dir. Ich hole sie in mein Bett, halte sie in meinem Arm, bis sie wieder eingeschlafen ist, während mich Verzweiflung und Sorge um unsere Zukunft nicht zur Ruhe kommen lassen. Wie soll es weitergehen allein mit drei kleinen Kindern, Schulden und einer Rente, die nur für das Nötigste reichen wird? Das Haus muss ich verkaufen, eine neue bezahlbare Wohnung suchen und wieder arbeiten, sobald ich einen Kita-Platz für die Kleine gefunden habe.

Heute haben wir die Urne mit Deiner Asche auf den Friedhof gebracht. Deine Mutter ist nicht gekommen. Sie gibt mir die Schuld am Tod ihres einzigen Kindes. Mörderin eines Selbstmörders? Hat sie wirklich recht mit ihrer Anklage, ich hätte zu hohe Ansprüche gestellt, kein Verständnis für Deinen beruflichen Stress gehabt? Tag und Nacht quälen mich die Fragen, warum ich nicht gespürt habe, dass es Dir schlecht ging, Dich nicht gefragt, warum Dein Blick immer leerer wurde und Du Dich mehr und mehr in Dein Schneckenhaus zurückgezogen hast? Warum habe ich nicht erkannt, dass Du Hilfe brauchtest, sondern Dir wegen Deines Verhaltens Vorwürfe gemacht? Fragen, auf die ich keine Antwort bekomme.

In meinen Gebeten bitte ich Gott um die Kraft, mich von diesen Gedanken zu befreien und nur noch die schönen Erinnerungen an die Zeit mit Dir zuzulassen, um weiterleben und kämpfen zu können für unsere Kinder – ohne Dich.

ROSEMARIE PFIRSCHKE

Nach dreißig Jahren

Dreißig Jahre ist es her. Das ist fast doppelt so lang, wie du überhaupt gelebt hast, meine Tochter.

Es war Sonntagabend, halb elf. Du kamst aus der Disco, stiegst aus der Straßenbahn, gingst die Straße hinauf nach Hause. Fünf Minuten später warst du tot, erstochen von einem bis heute unbekannten Menschen.

Ich erinnere mich an Blumen, gelbe Narzissen, noch ganz frisch. Sie waren das Erste, was ich sah, als ich am Tag darauf nach Hause kam, das mein Zuhause längst nicht mehr war. Ich ging die Straße hinauf, wie du am Abend vorher, wunderte mich über die Blumen auf dem Bürgersteig und in der Gosse. Und als ich genauer hinsah, sah ich darunter getrocknetes Blut, dein getrocknetes Blut. Da ging mir ein Riss durchs Herz. – So bin ich deinem Tod begegnet.

In deinem plötzlichen brutalen Ende gab es keine irgendwie geartete Verklärung, kein Mich-Gott-nahe-fühlen. Da war nur Erstarren, Entsetzen, schreiende Empörung. Auch dem Rat eines frommen Menschen, »das alles aus Gottes Hand anzunehmen«, konnte ich nicht folgen, zumal er mit dem Hinweis auf die Herrnhuter Losung deines Todestages, ein Wort aus dem 5. Buch Mose, verbunden war: »Ich kann töten und lebendig machen. Ich kann schlagen und kann heilen. Und niemand ist da, der aus meiner Hand errettet.«

Hier wurde der Sinn, der Trost erst möglich macht, dadurch hergestellt, dass Gott zum Totschläger erklärt wurde. Doch hatte ein solcher Gott so gar nichts gemein mit dem mitleidenden Gott, den ich in Jesus von Nazareth kennen gelernt habe.

In manchen Indianerstämmen gibt man den Toten Speise und Trank mit auf den Weg ins Jenseits. Der Weg dauert vier Jahre. Das ist die Zeit, in der das Fleisch braucht, um völlig zu verwesen, wieder zu Erde zu werden.

Dieser Gedanke hat auf mich eine merkwürdig beruhigende Wirkung gehabt, als ich mir klarmachte, dass es bei der Wanderung der Toten ins Jenseits nicht eigentlich um deren Ruhelosigkeit geht, sondern um die der Nachgebliebenen, um meine Ruhelosigkeit, die durch Aufbegehren, Selbstanklage, Beschwören von Versäumnissen, Grübeleien, Träume immer neue Nahrung bekam. Die Aussicht darauf, dass mein unruhiges Herz einmal zur Ruhe kommen könnte, auch ohne dass die Brüche gekittet, die Widersprüche ausgeräumt, die Fragen beantwortet wären, hat mich mit der Zeit gelassener werden lassen. Wenigstens konnte ich Jahre nach deinem Tod daran denken, dass du, meine Tochter, nun Erde in der Erde, Asche in der Asche, Staub im Staube warst.

Doch das kann nicht heißen, dass damit – »heile, heile, Segen« – alles wieder gut wäre. Trost setzt, für mich wenigstens, einen einsehbaren Sinn voraus, in dessen Namen sich auch der Tod verstehen ließe. Bis heute ist mir nichts eingefallen, was deinen Tod rechtfertigen oder mit Sinn versehen könnte. Dein Tod hat keinen Sinn gehabt. Und mein Leiden daran hat auch dadurch keinen Sinn bekommen, dass der Schmerz weniger geworden ist. Ich musste mir das immer wieder klarmachen. Und ich musste mir klarmachen, dass ich immer wieder Gefahr lief, in die religiöse Falle zu geraten, zu meinen, dass bei Gott stimmig sei, was ich als widersprüchlich erlebte, und dass bei ihm alles Leiden schon seine Ordnung fände.

Alles Leiden schreit danach, dass es endlich aufhört. Auch außerhalb meiner Geschichte gibt es Entsetzen, Leid, Unheil und Widersprüche. Und sie alle schreien nach ihrem Ende, nicht danach, dass jemand verfügt, es habe schon seinen Sinn und seine Ordnung, und läge der Sinn nur darin, reicher an Erfahrungen, einsichtiger zu werden.

Am Ende der Bibel ist die Hoffnung ausgesprochen, dass jedes Leiden einmal aufhören könnte, dass es einmal eine Zeit geben könnte, in der es »kein Leiden, kein Geschrei, keine Schmerzen« mehr gäbe. Vielen mag das zu wenig sein. Und doch ist es mehr als die Sinngebung des Sinnlosen.

FRIEDRICH GROTJAHN

Das Gras, der Mensch

Perforierter Schlaf. Er riecht kaum
noch Farben. Eingetrocknet die Ohren,
Atem verblasst. Auf der Wange
salzige Krusten. Flockendes Licht.
Er weist dem Durst die Tür.
Hunger auf Schnee. Das Wort fühlt er
nicht mehr. Mit den Augen
trägt er Schichten vom Himmel ab.
Dahinter: Metaphern fürs Nichts.
Sein Alles und Ein. Aus.

GEORG SCHWIKART

Christenmenschen und ihr Umgang mit dem Sterben

Wie als Arzt kommt man auch als Pfarrer viel mit Sterbenden zusammen und erlebt da seine Überraschungen.

Dass eine schlichte, einfache Frau, die ihr Leben lang nicht viel anderes getan hat als im benachbarten Hotel den Kartoffeln, die aus der Schälmaschine kommen, von Hand die letzte Reinigung vor dem Abkochen zu geben, groß wird im Tod. Dass dagegen eine offizielle Persönlichkeit, ausgerüstet mit Titeln und akademischen Graden, im Sterben ganz erbärmlich wirkt. Das kann eine Überraschung sein. In deinen ersten Dienstjahren sinnst du darüber nach, warum das so sein kann.

Oder aber du wirst zu einer kranken alten Frau gerufen und im Korridor von den Verwandten abgefangen, die dir sagen, Herr Pfarrer, unsere Mutter ist sehr krank und wird wohl bald ans Sterben kommen, aber sagen Sie der alten Frau nichts, sie könnte sich zu viel Unruhe machen.

Natürlich verspricht man das und wird vorgelassen. Die kranke alte Frau erweist sich als eine Dame, die ihre Lebensbeichte ablegt und andächtig kommuniziert. Dann sagt sie plötzlich in die Kommuniondanksagungsstille hinein:

Herr Pfarrer, ich weiß, dass ich bald sterben werde, aber bitte sagen Sie nichts davon meinen Kindern, die könnten sich doch viel Unruhe machen.

MICHAEL ZIELONKA

Vergänglichkeit

Was bleibt mir am Ende

Abertausende Nächte
in denen ich
im Labyrinth der Träume
Fragen stellte
erlaubten mir einen Tag

Einen Tag
um eine einsame Blume verwelkt
zu sehen
und zu fragen
Woher kamst du?

Meine müden Augen schmerzen

Der dahindämmernde Himmel
bewahrt noch die Rätsel und
hält seine Antwort zurück

Noch zwei Schritte
sagt er nur
dann verlieren sie ihre Hände

Die verschwenderischen
Beugungen
vergebens ...

Der sanfte Wind
möge
endlich seine Pflicht tun

Dann mein Freund
leg mir ein paar verwelkte Blätter
auf die kalte Erde

Was bleibt mir am Ende

CHOY NAMYEUN

Der Mond noch nicht hoch

Nun halte ich mich aus, ohne dich,
und sehe als mottenzerfressenes Kleid
den Platz, den du verlassen hast.

Wie ein Schlag, statt auf das Fell
auf den Rahmen der Trommel,
so war der Abschied.

Die Sonne schon untergegangen,
der Mond noch nicht hoch, die Helle dazwischen
– wolltest du so den Abschied?

Eine verrostete Pfeilspitze war
der Schnabel des Vogels, der nicht sang
– warum hast du es mir nicht eher gezeigt?

Nun halte ich mich aus, ohne dich,
wie die Buchweizen im alten Kopfkissen
so altere ich täglich, nur so viel.

LEE SEONG-BOK

Allein gelassen

»Wo ist nur diese verdammte Unfallstelle?«

Mein Blick heftet sich an den vorbeifliegenden Straßenrand. Leitpfosten verschwimmen zu einem weißen Band, die Bäume verlieren ihre Konturen.

»Ich weiß es doch auch nicht! Es müsste hier irgendwo sein.« Jens atmet hörbar aus, lenkt mit viel zu hoher Geschwindigkeit in die nächste Kurve.

Nichts. Immer noch nichts! Dafür taucht direkt vor uns ein Sonntagsfahrer auf. Jens nimmt sich noch nicht einmal die Zeit, anzubremsen. Er beschleunigt weiter aus der Kurve und wir jagen unter dem Schutz unseres Blaulichts heulend an dem Hindernis vorbei. Das Geheul unserer Sirene erfüllt den ganzen Wagen, kreischt in meinen Ohren. Ich schalte sie ab, um klarer denken zu können.

»Wir können die Unfallstelle nicht finden! Dabei sind wir die Strecke schon fast ganz abgefahren.« Mein Daumen presst auf die Ruftaste. »Habt ihr den Unfallzeugen noch einmal erreichen können? Wir brauchen genauere Angaben.«

Verrauscht und abgehackt kommt die Antwort der Leitstelle. »Nein, der Handykontakt ist abgebrochen. Der zweite Motorradfahrer kennt sich hier nicht gut aus. Es kommen nach seiner Beschreibung aber nur die drei vorhin benannten Landstraßen als Unfallort in Frage. Vielleicht sind die anderen Streifenwagen oder der Rettungsdienst erfolgreicher. Fahrt euren Bereich bis zum Ende durch und meldet euch dann noch mal.«

Die letzten Worte kann ich, trotz höchster Lautstärke nur noch erahnen. Wir sind zu weit draußen, zu weit weg von der nächsten Stadt, vom nächsten Funkmast.

»Verdammt, wenn wir ihn nicht bald finden, hat er keine Chance mehr!« Das Sprechgerät schrammt über die Armaturentafel, knallt gegen die Scheibe und verschwindet vom Spiralkabel gezogen im Fußraum.

»Wir sind mit der Strecke durch. Soll ich noch einmal zurückfahren?« Meine Gedanken schwirren. Waren wir nicht aufmerksam genug gewesen? Konnten wir zwei verunglückte Motorradfahrer einfach übersehen haben? Vielleicht lagen sie zu tief im Straßengraben? Vielleicht unsichtbar hinter der ersten

Baumreihe verborgen? Nein, das kann nicht sein, darf nicht sein!

»Wohin soll ich jetzt fahren?«, fragt mich Jens ein zweites Mal. Was hatte die Leitstelle vorhin als Möglichkeiten durchgegeben? Mein Zeigefinger fährt über die Karte auf meinem Schoß, spürt die Knicke, die sich über die Jahre gebildet haben, entlang der vielen Einsatzorte. Wir sind jetzt hier, was hatte der Zeuge beschrieben?

»Jens, fahr da vorne rechts und halte dich dann in Richtung Bereichsende. Ich habe da noch eine Idee.« Meine Hand rutscht zum unteren Kartenende als Jens erneut beschleunigt. Ich angel nach dem Funkgerät im Fußraum, um die Leitstelle über meinen Entschluss zu informieren.

»Da, da vorne ist etwas!« Jens Stimme ist laut und rau. Ich blicke von der Karte hoch. »Wo?«

»Da vorn rechts, hinter der Leitplanke. Siehst du das silberne Motorrad? Du hattest recht!«

»Wir haben die Unfallstelle gefunden. Leitet den Rettungsdienst und die anderen Wagen zu uns um.« Während ich die erforderlichen Daten an die Leitstelle durchgebe, bremst Jens scharf ab und stellt den Wagen so, dass er als Sicherung der Unfallstelle dient.

Unsere Türen werden von ihren Fangbändern zurückgeworfen, als wir aus dem Fahrzeug stürzen. Ich reiße noch schnell den Verbandskasten aus dem Kofferraum, während sich Jens ein Handfunkgerät greift. Nicht dass es hier draußen funktionieren würde, aber an irgendetwas muss man sich klammern.

Ich renne über Bremsspuren, Verkleidungsteile eines Motorrades, springe über eine zerrissene Leitplanke, den Blick suchend nach vorn gerichtet. Ein silbernes Motorrad liegt unbeschädigt am Straßenrand. Das muss dem Zeugen gehören.

»Wo ist der Fahrer?« Meine Gedanken kreisen, während ich mit Jens den kleinen Abhang hinunter stolpere. Jetzt endlich kann ich einen schwarzen Rücken erkennen, der sich über jemanden am Boden beugt. Lange, blonde, zum Pferdeschwanz gebundene Haare, fallen über das verwitterte Leder seines Kombis. Ein Helm liegt achtlos hingeworfen gleich neben den vorderen Bäumen. Mit jedem weiteren Schritt, den ich näher komme, kann ich mehr erkennen. Jetzt sehe ich einen zweiten Körper, ebenfalls schwarz. Er liegt ganz unten im Kanalbett, das nach dem langen und schönen Sommer trocken da liegt. Lediglich frisches Blut sickert in seinem Verlauf.

Ich sehe den Kopf, des Liegenden, der noch immer seinen Helm auf hat. Das Gesicht ist durch das verspiegelte Visier nicht zu erkennen. Sehe das seltsam verrenkte Bein, an dem der Stiefel fehlt. Sehe, nach einem Zögern, dass ein Bein fehlt; dass ein Arm des Bikers mit der Faust auf die Arterie drückt; genau dort, wo das Blut aus dem Körper schießen will. Sehe das Blut, das sich dennoch in kleinen Fontänen seinen Weg bahnt, als wolle es den trockenen Sommer verhöhnen.

Mittlerweile habe ich den Helfer erreicht, lege ihm eine Hand auf die Schulter. Gleichzeitig erwacht auch mein Gehör wieder aus seiner Erstarrung. Der Verletzte verschafft sich Erleichterung – wimmernd, leise, gequält – gleichsam im Takt seines Blutes. Ich höre die Stimme des blutverschmierten Helfers, der mit mir spricht, mir Fragen stellt.

»Ich will hier nicht sein! Wo kann ich hin?« Aber das ist nicht er, der da spricht, das bin ich selbst in meinem überfluteten Kopf. Keine Ahnung, was ›er‹ zu mir gesagt hat, will es auch nicht wissen, will nur weg! Panik ergreift mich. Jetzt nur nicht durchdrehen! Mir fällt ein Leitspruch aus meiner Ausbildung ein: »Ruhe bewahren – Überblick gewinnen – Ekel überwinden – Erste Hilfe leisten!« Woran man sich in so einer Situation erinnert.

Jetzt spricht auch Jens zu mir. »Konzentrier dich!«, befehle ich mir. Es ist als würde ich mich selbst anschreien. »Du bist hier verantwortlich. Mach deinen Job!« Ich starre auf den Mund von Jens, sehe die Worte, erkenne jedoch keinen Inhalt. Er dreht sich um und rennt zurück in Richtung Streifenwagen. Dabei brüllt er die ganze Zeit in sein Handfunkgerät. Ich will ihm noch nachrufen, dass das hier zwecklos ist. Wir sind viel zu weit im Outback.

Mir zupft jemand am Gürtel, gleich neben der Pistole. Reflexartig will ich die Hand wegschlagen, dann bin ich wieder ganz bei mir. Zum Hören kommt auch wieder das Verstehen.

»Was kann ich tun?« die flehentliche Stimme des großen Mannes scheint mir unpassend. Sein Zopf glänzt vom Schweiß in der Sonne. Ich knie mich neben ihn, reiße den Verbandskasten auf und drücke ihm einen neuen sterilen Druckverband in die Hand.

»Sie machen das super! Genau richtig. Drücken Sie weiter fest auf die Schlagader. Können Sie noch, oder soll ich Sie ablösen?«

Warum frage ich? Ich will die Antwort doch gar nicht hören. »Das wäre gut, ich drücke hier nämlich schon ziemlich lange drauf.«

Seine Stimme gewinnt an Festigkeit, hofft auf Erleichterung. Plötzlich bin ich es, der versucht die Schlagader mit einem Verbandspäckchen zu verschließen, damit sich nicht auch der Rest von Leben in die Erde ergießt. Wo genau ist die Arterie? Bin ich hier überhaupt richtig? Vor lauter Blut kann man nichts erkennen. Eine Hüfte sieht mit nur einem Bein ganz anders aus. Ich orientiere mich an den Geschlechtsorganen. Ein bisschen Glück scheint er gehabt zu haben – die sehen unversehrt aus. Hier, der Beinansatz – das sollte stimmen. Es läuft nur noch wenig Blut über meine Finger. Kein kleiner Springbrunnen mehr. Ist da kein Blut mehr, das vom Herz herausgedrückt werden könnte? Was ist mit der Atmung?

Meinen Ersthelfer kann ich nicht fragen, der kniet wenige Meter neben uns und übergibt sich lautstark. Mir wird ebenfalls schlecht. Wo verflucht ist Jens? Ich blicke über den Verletzten, lege meine freie Hand auf seine Brust und fühle das Herz schnell schlagen, genau der Takt, den auch mein Daumen spürt. Ohne den Druck in der Leiste zu verringern, öffne ich das Helmvisier und blicke in sein fahles Gesicht. Kein Erbrochenes und er atmet noch. Gut so!

Neben mir taucht Jens wieder auf. »Der Hubschrauber ist alarmiert und sollte gleich kommen. Der Rettungswagen steht ebenfalls kurz vor dem Eintreffen. Soll ich dir hier helfen, oder kann ich wieder hoch den Hubschrauber einweisen?«

»Drück du bitte weiter mit deinem Daumen genau hier auf die Schlagader. Lass du dir bitte das Blut über die Hände spritzen. Schau du bitte in seine flehenden Augen und sprich mit ihm!«

Tatsächlich jedoch sage ich: »Geh nur!« Und schon bin ich wieder allein.

»Können Sie mich hören? Können Sie sprechen? Versuchen Sie wach zu bleiben! Nicht einschlafen! Der Rettungswagen kommt gleich! Hilfe ist unterwegs!« – »Sind Sie verheiratet? Haben Sie Kinder? Wie ist Ihr Name? Wann sind Sie geboren? Sollen wir jemanden anrufen?«

»ADAC – das Motorrad!« Das ist alles, was er auf meinen Redeschwall antwortet. Verdutzt halte ich inne. Ich hatte nicht wirklich mit einer Antwort gerechnet. Er ist bei Bewusstsein. Jetzt nur nicht nachlassen.

»Wir kümmern uns um Ihr Motorrad. Aber jetzt geht es erst einmal um Sie!« Beruhigend lege ich ihm meine Hand auf seinen Oberarm. Sein Zucken und meine Fingerspitzen verraten mir, dass dieser wohl auch gebrochen sein muss.

»Ich will ja euren Plausch nicht unterbrechen, aber du störst jetzt hier«, sagt plötzlich jemand neben mir. Mein Daumen wird durch einen anderen ersetzt und ich unsanft zur Seite gedrängt. Stolpernd komme ich auf die Beine und blicke auf die Sanitäter, die mit dem Notarzt zusammen meinen Platz eingenommen haben.

Ich blicke mich suchend um und kann Jens an der Straße erkennen, auf der mittlerweile mehrere Streifenwagen stehen. Absperrung, Einweisung für den Hubschrauber – alles scheint organisiert zu sein. Neben mir steht nun auch wieder der zweite Motorradfahrer. Der ist »fertig«, geht es mir durch den Kopf. Sehe ich genauso aus? »Wie geht es ihnen? Sind sie auch verletzt? Kennen sie den Verletzten? Was genau ist passiert?« Darf ich ihn das überhaupt alles fragen, oder müsste ich ihn, auch in dieser Situation, erst einmal belehren? Er schweigt einfach, blickt mich nur an. Dann setzt er sich an den Hang und weint. Ich drehe ihn so gegen die Böschung, dass seine Beine hoch gelagert sind. Er hilft nicht mit, verweigert sich aber auch nicht. Ich zwinge mich die wenigen Schritte zurück zu dem Verletzten zu gehen und spreche einen der Sanis an. »Wenn einer von euch mal nach dem anderen Motorradfahrer sehen könnte, ich glaube er hat einen Schock. Nicht dass der uns auch noch zusammenklappt.«

»Wir kümmern uns gleich um ihn! Müssen unseren Schwerverletzten hier nur erst für den Transport stabilisieren.«

»Gut.« Ich wende mich ab und will wieder gehen, als er mich noch einmal anspricht.

»Du kannst uns einen Gefallen tun. Schau mal, ob du das Bein finden kannst! Wenn es geht, würden wir es gerne mit ins Krankenhaus nehmen.« Das Bein – natürlich. Warum ist mir das nicht selber eingefallen? Klar, ich muss das Bein suchen; und zwar zügig! Der Hubschrauber kann jeden Moment eintreffen und dann geht alles sehr schnell. Bis dahin muss ich das Bein gefunden haben!

Ich eile entlang der Böschung, blicke mich suchend um, scharre mit den Füßen unter Sträuchern, seziere jeden Zentimeter Boden. Dort ist das Motorrad durch die Leitplanke gebrochen, da liegt das Opfer. Also irgendwo dazwischen müsste es sein. Mein Blick wandert umher. Nichts! Kein Blut, kein Bein! Ich finde ein paar Motorradteile und auch das völlig zerstörte Motorrad, aber kein Bein! Verzweifelt wende ich mich immer und immer wieder suchend um, rufe nach Jens, er soll mir helfen.

Über dem Waldrand knattert der Hubschrauber heran. Das Bein muss mit! Jetzt aber schnell. Konzentrier dich! Wieder und wieder drehe ich mich um meine eigene Achse, und wieder nur das Motorradwrack, der Verletzte, das Loch in der Leitplanke, die gedachte Linie. Kein Bein!

An der Linie renne ich jetzt entlang. Hin und her. Der Hubschrauber ist gelandet, von dem Bein keine Spur! Wieder zurück, hoch auf die Straße, hier hat man einen besseren Überblick. Kein Bein! Der Verletzte wird auf die Trage gelegt, ich renne wieder runter in den Wald. Vielleicht ist es ja weiter geflogen als vermutet.

Links, rechts, unter Gestrüpp, hinter Baumstümpfen – ich schaue überall – kein Bein! Kein verdammtes Bein! Die Trage wird zum Hubschrauber getragen. Er braucht doch sein Bein.

»Ich finde es bestimmt noch. Hab's gleich!« schreie ich gegen den Lärm der Rotoren. Schnell zurück zum Liegeplatz des Verletzten. Noch einmal. Gedachte Linie, Fluglinie, mögliche Landepunkte. »Jens, wo bleibst du denn?« Es kommt kein Jens, der hilft oben an der Straße. »Verdammt!«

Die Bahre verschwindet im Rumpf des Hubschraubers und die Türe werden geschlossen, das Heulen der Turbinen verstärkt sich. Zu spät! Der

Hubschrauber hebt ab und ich sinke zu Boden. Tränen laufen mir über die Wangen. Das Rotorengeräusch verklingt in der Ferne. Erschöpft lehne ich mich an die Böschung und sehe dem Hubschrauber nach, während die Sonne bereits die Wipfel der Bäume streift.

Leer und müde schweifen meine Augen über die Szene, als ich plötzlich ein kurzes Blitzen in den Bäumen sehe. Das gibt es doch gar nicht, oder? Das sind doch mindestens drei Meter. So hoch ist das Bein doch niemals geflogen, oder doch? Noch mehr blitzen – das könnten Silbernieten einer Motorradhose sein. Noch im Lauf blicke ich weiter nach oben. »Das Bein – ich habe das Bein!«, erleichtert schreie ich. »Ich hab's gefunden!«

»Wo ist es?« kommt eine Stimme zurück.

»Hier oben im Baum.«, fast habe ich die Stelle erreicht. «Ich komme aber nicht dran. Hat die Feuerwehr eine Leiter dabei?«

Eilig kommen zwei Feuerwehrmänner mit einer Leiter die Böschung runter und bergen das Bein. Mit schnellen Schritten bringe ich es zu einem der Rettungswagen. Erschöpft lehne ich mich an die offene Hecktür. »Vielleicht nützt es ja noch was, wenn ihr es ihm ins Krankenhaus nachbringt.«

»Meinst du im Ernst, dass er sein Bein noch braucht?« Der ältere Sanitäter sieht mich mitleidig an. »Du hast doch selbst deine Hand in ihm drin gehabt. Er war doch da schon mehr tot als lebendig.«

»Aber ihr müsste es doch zumindest versuchen«, Zorn wallt in mir hoch.

»Machen wir ja auch, aber mach dir nicht zu viele Hoffnungen!« Er nimmt mir meine Last aus den Händen und legt das Bein in einen Behälter des Krankenwagens.

Mein Ausrüstungsgürtel zerkratzt die Motorhaube des Streifenwagens, als ich rücklinks auf ihr zum Sitzen komme. »Du brauchst nicht mehr losfahren. Er ist eben im Hubschrauber gestorben!« Die Stimme des Sanis verklingt.

Was mir bleibt, ist die Kühle der Windschutzscheibe, gegen die ich gesunken bin.

DIRK BREITENBACH

Man kann den Tod nicht mit Wörtern tarnen.
Wenn die Wörter zu Ende sind, ist immer
jemand tot.

RICHARD BRAUTIGAN

Gib mir das Leben

Gib mir das Leben,
bittet er.
Keine Reaktion.

Gib mir das Leben,
mahnt er.
Ohne Erfolg.

Gib mir das Leben,
fordert er.
Er bekommt's nicht.

Da hat er sich
das Leben
genommen.

GEORG SCHWIKART

Der Himmel aber schweigt –
als sei es das Gebot der Stille.

Ich richte meine Klage gegen jede Macht,
die den Menschen in seiner Verlassenheit
und Trostlosigkeit
verharren lässt.

Es muss ja der Mensch
dem Menschen ein Mensch sein!

Ich fordere es und dies jeden Tag und immer
wieder neu
und unüberhörbar –
in einer Welt, in der die Gewalt herrscht,
und in der der Krieg gewinnt.

In der Schwebe zwischen Ängsten
und Hoffnungen,
Bangen und Leiden
werden wir von unserem eigenen Klang getragen.

Es singt der Mensch sein Weltenlied,
er singt es allein.

VERONIKA FULDE

Karsamstag

Der Karsamstag ist die Fuge, der Zwischenraum. Ohne Abstand können nicht einmal zwei Keramikplatten an der Wand haften. Ohne Karsamstag kann es Karfreitag und Ostern nicht geben.

In der Nacht des 23. September 1574 zeichnet der heilige Johannes vom Kreuz ein kleines Bild. Seine Federzeichnung zeigt den toten Jesus am Kreuz, allerdings aus einer ungewöhnlichen Perspektive. Der Blick richtet sich von oben auf den Gekreuzigten; als ob der Betrachter fliegen könnte, als ob Johannes vom Kreuz im Hubschrauber gesessen hätte, als er zeichnete.

Die Vision des Johannes zeigt den Blick Gottes des Vaters auf seinen toten Sohn am Kreuz: Der Vater sagt nichts, er schaut auf sein totes Kind und ist im Geist mit ihm verbunden.

Es ist eine visionäre Zeichnung des Dreifaltigen Gottes am Karsamstag. Sie drückt aus, dass Jesus auch im Tod nicht verloren ist, solange ihn jemand anblickt, solange ihm jemand verbunden ist. Vor Johannes hatte nie jemand so auf das Kreuz geschaut. Das Moderne ist der Blickpunkt, der point of view.

Für unseren Zugang zum Geheimnis der Auferstehung kann diese Zeichnung sehr hilfreich sein. Sie hilft uns zu fragen: Lasse ich in meinem Glauben den Karsamstag fruchtbar werden? Bin ich bereit zu

Schweigen und Stille? Gehe ich das Wagnis ein, aus der Blickrichtung Gottes mit auf den toten Jesus zu schauen?

Mutter Teresa hat gesagt: »Die schlimmsten Krankheiten unserer Zeit sind nicht Aids, Lepra oder Krebs. Sondern das Gefühl, unerwünscht zu sein, ungeliebt, von allen verlassen.« – Dies ist der soziale Tod mitten im Leben, wenn mich niemand mehr anblickt!

Wir leben als österliche Menschen, wenn wir einander anschauen. Der Auferstandene erscheint den Jüngerinnen und Jüngern, damit sie ihn anblicken können.

FRANZ MEURER

Ich kann nicht weinen
Zu viele Wunden brennen
Keine Trauer über diesen Tod
Doch Trauer um verpasstes Leben

GEORG SCHWIKART

Der Tod als Vollendung oder Abbruch des Lebens

Was bedeutet Vollendung? Kann Vollendung stattfinden? Und wo geschieht dies? Ich glaube, Vollendung geschieht ohne unser Zutun – und wenn sie denn geschieht, in einer Region, zu der wir keinen Zugang haben und in deren Zusammenhang wir von Gnade sprechen sollten.

Der andere Aspekt ist der Tod als Abbruch des Lebens, den ich nicht so leicht sehen kann, auch wenn das Sterben meines Mannes sich eher im Zusammenhang eines Abbruchs einordnen lässt. Für mich selbst kann ich dies nicht tun, auch wenn die äußeren Ereignisse dies nahelegen mögen.

Seit mehr als zwölf Jahren engagiere ich mich nun im Bereich der Hospizarbeit, und je länger ich das tue, umso weniger hab ich das Gefühl, dass wir, die Mitarbeiter des Hospizes, den Tod verherrlichen sollten.

Ich möchte von einer Erfahrung in der Begleitung eines jungen Mannes erzählen, die mich sehr bewegte. Er wurde mir von einer Krankenhausseelsorgerin ans Herz gelegt. Er habe sich in der Zeit seines Klinikaufenthaltes auf einen Glaubensweg begeben, auf dem ich ihn vielleicht nun, da er im Hospiz lebe, weiter begleiten könne. Mit seiner Begleitung begann meine Tätigkeit im Hospiz. Besonders intensiv und wegweisend erlebte er im Zuge einer Baumaßnahme die Fällung eines Baumes. Wir erläuterten ihm, dass der Baum gefällt werden müsse, damit der Anbau des Hospizes dort entstehen könne, und dass wir ein Abschiedsritual für diesen Baum feiern würden. Er war dann dabei. Und im Augenblick, als der Baum krachend und ächzend – ein schreckliches Geräusch! – zu Boden fiel, klammerte er sich an mich und fing an zu weinen. Und schluchzend sagte er: »Er hat sich überhaupt nicht gewehrt!« Und: »Er ist ja auch vorbereitet worden.«

Dieser Mann war sehr erschüttert, und ich glaube, dass dieser Moment der Beginn seiner Verwandlung war. Er begann, sich nicht weiter gegen seine tödliche Krankheit zu wehren. Kurze Zeit später bat er mich darum, mit ihm einen Gottesdienst in der kleinen, nahe gelegenen Kirche zu besuchen. Und dieser Gottesdienst wurde dann für uns beide zu einem wunderbaren Erlebnis. Er erfuhr (und dieses erlebte ich mit Sterbenden immer wieder) eine besondere Gottesnähe, eine Gotteserfahrung. Ich konnte spüren, während ich neben ihm saß, wie er sich bereithielt, von Gott angenommen und gehalten zu werden. Diese Grundstimmung übertrug sich auf mich; eine unheimlich schöne und dichte Stimmung zwischen uns beiden. Diese Erfahrung machte es ihm möglich, sich dem Sterben hingeben zu können.

Einige Wochen später starb er, 30-jährig. Und ich war bei ihm. Es sah so aus, dass für ihn so etwas wie Gottesnähe stattgefunden hat, ja, dass ihm vielleicht die Gnade der Vollendung geschenkt wurde. Ich wage es, ganz vorsichtig in diese Richtung zu denken, Gewissheit darüber kann ich natürlich niemals haben. Es kann nur eine Ahnung davon sein.

Das genaue Gegenteil davon habe ich erlebt, als mein Mann vor sechs Monaten nach elf Wochen grauenhafter Zeit auf der Intensivstation starb, teils im künstlichen Koma und die ganze Zeit künstlich beatmet. Er war »sprach-los«. Es war kaum auszuhalten, miterleben zu müssen, wie er sich in den Zeiten seines »Wachseins« verzweifelt bemühte, sich verständlich zu machen. Elf lange Wochen. Dann durfte er sterben. Denn auf einer Intensivstation zu sterben ist nicht so einfach, da das große Ziel natürlich ist, den Menschen zu retten. Und er war ja gerade mal 59 Jahre alt.

Ich hörte natürlich oft Sätze wie: »Warum diese Zeit noch? Warum dieses Leiden noch?« Ich habe dann immer gesagt: »Nein, nein, das glaube ich nicht, dass dies unnötig war.« Es war sicher wichtig für seine »Vollendung«, dass er diese elf Wochen so erleben musste. Ich glaube niemals, dass diese Zeit sinn-los war. Für ihn nicht, und auch nicht für mich. Zum Schluss wollte er dann wohl auch sterben, und er wusste auch, dass er sterben würde. Ich weiß nicht, ab welchem Zeitpunkt er es wusste. Ich war vier Stunden, bevor er starb, bei ihm: nichts deutete zu dieser Zeit darauf hin, dass er so bald sterben würde. Ich verabschiedete mich von ihm mit der Versicherung: »Ich komme morgen wieder!« und bin dann hinausgegangen. Er sah mir nach. Plötzlich zog es mich unwiderstehlich zurück zu ihm ... ich musste noch einmal zu ihm gehen. Ich öffnete die Tür und trat wieder an sein Bett. Er sah mich mit großen Augen an. Ich verabschiedete mich noch einmal und versicherte ihm wieder, dass ich morgen wiederkäme. In diesem Moment schloss er seine Augen. Das war sein Abschied. Mir ist das natürlich erst hinterher bewusst geworden, dass dies sein Abschied von mir war.

Eine Stunde später war der Krankenhausseelsorger bei ihm, wie er es schon oft zuvor getan hatte. Und nun gab er ihm auch an diesem Abend den Segen. Er hatte das Gefühl, so sagte er mir später, dass er dies durfte, obwohl mein Mann nicht mehr antworten konnte und die Augen auch nicht mehr aufgemacht hat. Ich bin ganz sicher, dass er zu dieser Zeit gewusst hat, dass er sterben würde.

»Welch ein Sieg!«, heißt es in einem Gedicht von Nelly Sachs. Diese Zeile, die ich auf die Todesanzeige setzte, war mir wichtig. Im Gespräch mit den Ärzten konnte ich dann auch nur sagen: »Versuchen Sie bitte, sein Sterben nicht als Scheitern zu sehen«, denn sie hatten sich so sehr um sein Leben bemüht, »sondern als das Recht eines Menschen auf seinen eigenen Tod!«

Für mich, die ich viel dafür tue, dass Menschen einen guten und würdigen Tod sterben können, war es wichtig, auch diese Seite des Sterbens kennen zu lernen – diese Seite, die viel Schreckliches, nichts Friedliches und nichts Schönes hat, auch wenn es im Hospiz sehr menschlich und warmherzig zuging, aber die Technik ...

SABINE WERNER

Der Tod birgt kein Geheimnis. Er öffnet keine Tür. Er ist das Ende eines Menschen. Was von ihm überlebt, ist das, was er anderen Menschen gegeben hat, was in ihrer Erinnerung bleibt.

NORBERT ELIAS

Domini sumus

Martin Luther erzählt: Er und Philipp Melanchthon erreichen an einem stürmischen Abend die Elbe. Luther hat es eilig und will noch vor Einbruch der Dunkelheit mit der Fähre übersetzen. Melanchthon weigert sich. Nach einigem Hin und Her stellt sich heraus: Melanchthon Eltern hatten dem gerade geborenen Sohn ein Horoskop erstellen lassen und dort hatte es geheißen, er solle sich vor »nördlichen Gewässern« in Acht nehmen. Am Ufer der vom Wind aufgepeitschten Elbe erinnert sich Melanchthon an die alte Warnung. Martin Luther gibt seinem Weggefährten zur Antwort: »Domini sumus.«

Zweierlei könnten Luthers Worte bedeuten.

Zum einen: »Wir sind des Herren« oder, besser: »Wir gehören dem Herren.« – Was auch immer geschehen mag, ob wir nun am anderen Ufer angelangen oder untergehen: keine Macht dieser Welt kann uns Christus entreißen.

Zum anderen: »*Wir* sind die Herren« (nicht die Sterne). Wir sind »Freifrauen und Freiherren von Gottes Gnaden«. Keine andere Macht hat Gewalt über unser Leben und unser Sterben.

Als junger Pfarrer stand ich allein mit meiner Angst in der Friedhofssakristei. Ich wusste: gleich musst du die Türe zur Kapelle öffnen, sollst vor die Trauernden treten, sollst zu ihnen sprechen und ihren schmerzlichen Weg begleiten. Mit der Hand auf der Klinke sagte ich mir Luthers Worte und öffnete die Türe: »Domini sumus!«

Jeder von uns steht immer wieder in seinem Leben vor solchen Türen, die er öffnen muss; oder die das Schicksal selbst auftut. Und wir wissen nicht, was uns dahinter erwartet, wir wissen nicht, ob unsere Kraft reichen wird.

Und immer wieder gelangen wir auf unseren Lebenswegen an »Fährhäfen«, von denen aus wir »nördliche Gewässer« überqueren müssen. Mag es eine neue Wegstrecke sein, von der wir nicht wissen, ob wir sie meistern werden, mag es eine Herausforderung sein, eine Aufgabe, eine Begrenzung oder ein Abschied. Mag es eine Krankheit sein, deren Ausgang wir nicht absehen können. Mag es die »letzte Reise« auf dieser Erde sein, die uns vorausliegt.

Das Ziel liegt am anderen Ufer, liegt hinter der Tür. Und wir müssen hinüber und wir müssen hindurch. Dann ist es gut, Martin Luthers Worte im Herzen zu haben: »Domini sumus.«

HUBERT BÖKE

Mein Gott – warum hast Du mich verlassen?

»Es wird ja alles wieder gut!« Wie oft hat man uns, von Kindesbeinen an, versucht mit diesen Worten zu trösten. Und wie oft mussten wir erfahren, dass nicht alles wieder gut wurde.

Da waren Arbeitsstellen, die verloren gingen, Freundschaften und Beziehungen, die zerbrochen sind, Träume, die geplatzt sind, Lebensvorstellungen, die sich nicht verwirklicht haben. Menschen, die gestorben sind.

Ich glaube an die Auferstehung und ein Leben nach dem Tod. Doch es gibt nicht nur österliches Leben. Es gibt nicht nur das Leben nach dem Tod, das wir erwarten. Es gibt auch das Leben vor dem Tod. Das Leben mit dem Tod.

Mit Leid und Schmerz, mit Verlust und Angst, mit Verzweiflung und Ohnmacht: »Mein Gott, mein Gott, warum hast Du mich verlassen?!« (Mk 15,34)

Ich denke an Situationen im eigenen Leben und auch an Situationen mit Menschen, die zu mir kamen. Immer wieder waren da Situationen, da wurde nicht wieder alles gut. Situationen, wo ich auf die Frage »Warum?" keine Antwort geben konnte. Wo ich um keinen Trost wusste. Wo Leere und Fragen blieben. Manches kann man nicht heilen. Trägt doch selbst der Auferstandene die Wundmale des Todes ...

Das ist Leben. Gelingt es mir, dieses Leben Gott hinzuhalten?

»In Deine Hände lege ich meinen Geist.«
(Lk 23,46)
In Deine Hände, Gott,
lege ich all meine Trauer und Verzweiflung,
alles, wo ich nicht weiter weiß.
Alles, wo es keine Antworten gibt
und keinen Trost.
Wo es schwarz und leer bleibt,
auch wenn Ostern erklingt ...

Und leise, ganz leise spüre ich tief in mir die Flamme der Liebe, die mich mit lieben Verstorbenen verbindet, der Zuversicht, die mich neue Schritte gehen lässt, des Vertrauens, das mir sagt: wag es!

Leise, ganz leise beginnt es vielleicht wieder an zu singen in mir mit Worten nach dem Psalm 84:

> Wohl den Menschen,
> die Kraft finden in dir, guter Gott,
> wenn sie den Weg ihres Lebens gehen.
> Und wenn das Leben schwer wird und trostlos,
> dann wirst Du uns zur Quelle werden
> und Dein Segen wird sich sanft auf uns legen.
> Du erfüllst uns mit wachsender Kraft,
> bis wir Dein Angesicht schauen!

GUIDO HÜGEN

Das letzte Dorf

Das Dorf
Wartet am Ende der langen Straße
Die Glucke, die Kirche,
Die Küken, kreisförmig angelehnte Häuser,
Mein Dach am Rand.
Ich werde dort die Fremde bleiben,
Werde trotzdem die Zeichen erkennen
Am blassen Himmel meines Abends.

So lang lief ich in diese Richtung
Nach jeder Windung des Weges
Bestürmte mich das Unbekannte

Belagerte meine Seele und stach und säte
Körner des Zweifels, dornige Anspielungen.
Weiter ziehe ich meine Bahn
Bereit war ich schon in jungen Tagen
Vor das letzte Tor zu treten.
Die großen Metzger der Geschichte
Waren damals an der Reihe,
Zerstückelten die Worte, die Ideen, die Menschen,
Richteten immer wieder neue Mauern.

So auch heute, doch habe ich mich daran gewöhnt
Zu leben und vergessen nach dem Tor zu spähen,
Will nicht mehr erfahren, was dahinter lauert.
Am blassen Himmel meines Abends
Will ich nicht mehr die Zeichen erkennen.

CLAUDINE LANDGRAF

III

Versöhnung mit der Sterblichkeit

Und Tod, was dich betrifft, du herbe Umarmung
der Sterblichkeit, umsonst versuchst du
mich zu erschrecken.

WALT WHITMAN

Dank an das Leben

Jeder Mensch ist einzigartig. Das hat die Entschlüsselung der Gene bewiesen. Und doch sind wir nur Teil eines Plans. Nichts war von Anfang an so, wie es heute ist.

Doch alles Leben hat seine Zeit. Ist meine Zeit abgelaufen, mache ich – wie andere auch – Neuem Platz: Neuem Wissensdrang, neuer Liebe, aber auch neuem Versagen.

Voll Dank blicke ich auf ein erfülltes Leben zurück, kein Grund also, mit dem Schicksal zu hadern.

Trauer erfüllt mich um meine Lieben, die ich zurücklasse und hoffe, dass uns Gott in der Stunde des Todes nahe ist.

HERBERT ASBECK

Er gefällt uns nicht

Das Leben – es gefällt uns manchmal nicht.
Der Tod – er gefällt uns auch nicht.

Und doch leben wir, leiden an Krankheiten und an Fundamentalisten, erfreuen uns an der Geburt eines Kindes und an den Blüten im Frühling. Wir bemühen uns, Glück und Erfüllung zu finden, wir träumen, kämpfen, genießen, klagen.

Was tun wir nicht alles, um am Leben zu bleiben? Wie viele Operationen, wie viele Chemotherapien lassen Menschen über sich ergehen? Ja »wir sehnen uns zu sein!«, stellte Rilke fest.

Und doch wird irgendwann der Moment kommen, wo wir uns eingestehen müssen: Es ist nicht nur ein Glück, leben zu können, sondern eben auch sterben zu dürfen. Irgendwo liegt vielleicht bei jedem Menschen ein Funken Hoffnung verborgen, dass vor uns nicht nur der Tod liegt, sondern dass hinter ihm das Leben vor uns liegt.

FRANZ SABO

Paradox

Es klingt fast paradox: Wenn man den Tod aus seinem Leben verdrängt, ist das Leben niemals vollständig, und indem man den Tod in sein Leben einbezieht, erweitert und bereichert man das Leben.

ETTY HILLESUM

Das letzte Rätsel

Es gibt ernsthafte Fragen, auf die wir Menschen keine Antwort wissen: Das ist schwer zu ertragen! Philosophen und Physiker fragen sich, warum überhaupt etwas ist und nicht vielmehr nichts. Theologen mühen sich ab, die Vorstellung von einem allmächtigen und gütigen Gott mit der Tatsache des »Bösen in der Welt« in Einklang zu bringen. Das schwierigste Rätsel stellt uns Menschen jedoch fraglos der Tod. Er ist kein bloßes Gedankenproblem oder gar nur eine technische Frage: Er berührt uns so unmittelbar und so umfassend wie kein anderer Vorgang in unserm Leben (vielleicht abgesehen von der Geburt, aber davon wissen wir nichts mehr). Alter, Krankheit und Tod sind unübersehbar, selbst für Prinzen im goldenen Käfig. Irgendwann wird es jedem Menschen klar, dass auch er eines Tages sterben wird so wie jedes andere Lebewesen. Aber warum? Wer fügt uns solchen Schmerz zu? Warum dies unfassbare Leid? Warum jetzt gerade er/sie (und irgendwann auch ich)? Je nach dem Grad der Betroffenheit erfüllt uns jeder Tod mit Trauer, der wir unmittelbar nichts entgegenzusetzen wissen.

Wer nachdenkt, begreift schnell, dass ohne Tod gar kein Leben in der Welt möglich wäre. Das klingt zuerst paradox, aber es trifft zu! Selbst Einzeller, die keinen individuellen Tod zu kennen scheinen, da sie sich durch einfache Teilung vermehren, verlieren irgendwann diese Fähigkeit. Jede einzelne Zelle hat eine »eingebaute« Lebensspanne. Wäre es anders, hätte es keine Evolution geben können. Jede Entwicklung wird dadurch erkauft, dass die neue Generation anders und (natürlich nur statistisch betrachtet) »besser« wird als die vorhergehende, die dann vergehen muss. Die Saurier sind bereits ausgestorben; der Menschheit wird es einstmals nicht anders gehen. Selbst die Erde wird in einigen Milliarden Jahren in der Sonne verglühen. Alle Himmelskörper, Monde, Planeten, Sonnen und Galaxien kennen Lebenszyklen, mit anderen Worten: entstehen und vergehen. Der ganze ungeheure Kosmos hat einen Anfang (den Urknall vor ca. 13,8 Milliarden Jahren), sein Ende kennen wir nicht. Ob das Weltall sich »unendlich« ausdehnen könnte, ist eine offene Frage.

Aber was hilft uns alles Wissen um Naturgesetze, wenn wir am Totenbett eines geliebten Menschen stehen? So gut wie nichts. Selbst wer an ein Wiedersehen in einem wie auch immer vorgestellten »Jenseits« glauben kann, spürt unsagbaren Schmerz beim unwiderruflichen Abschied hier und jetzt. Der Tod trifft uns ins Mark, kränkt unser Selbstbewusstsein, beleidigt unsere Selbstachtung. Er macht mit aller Drastik deutlich, dass jeder einzelne Mensch für die Natur völlig unwichtig ist. Die Menschheit hat bisher ungezählte Naturkatastrophen und von ihr selbst verursachte Desaster (Hungersnöte, Kriege, Seuchen) überstanden; also sind selbst Millionen Tote für die Natur von geringer Bedeutung. Dennoch verspürt der Mensch, wie wohl jedes Lebewesen, eine instinktive, geradezu animalische und schwer zu bändigende Angst vor dem Tod. Sehr wahrscheinlich ist der Mensch das einzige Wesen, das um sein unvermeidliches Sterben weiß. Die meisten versuchen, ihre Furcht zu verdrängen, indem sie möglichst nicht an den Tod denken und bemüht sind, das Leben maximal auszukosten. Manche werden depressiv, ja nehmen sich im Extremfall das Leben aus Furcht vor einem vielleicht qualvollen Tod. Viele suchen Trost in der Religion, aber selbst Theologen müssen heute eingestehen, dass die Rede von einem Leben nach dem Tod häufig nur als Vertröstung empfunden wird, die den Schmerz über den Verlust eines geliebten Wesens nicht lindert, die Trauer nicht aufhebt.

Zum menschlichen Leben gehört es, mit den Aufgaben, die das Leben stellt, fertig zu werden. Es gibt dafür keine Patentrezepte. Leben ohne Tod gibt es nicht, kann es nicht geben. Trauer um den Tod geliebter Menschen und Angst vor dem eigenen Sterben sind ganz natürlich, geradezu kreatürlich, denn auch Tiere zeigen sie deutlich. Aber wir können Trauerphasen durchleben, wir müssen uns schließlich mit dem Unvermeidlichen abfinden, wir können lernen, Verluste zu ertragen und Schmerzen durch dankbare Erinnerung zu ersetzen, ja sogar, mit dem eigenen Tod (gern noch weit weg!) vor dem inneren Auge zu leben, denn er gehört zu unserm Menschsein genauso wie die Geburt. Deshalb muss das Leben weder sinnlos sein noch absurd. Unsere Freiheit besteht genau darin, unserem eigenen Leben einen Sinn zu geben! Das Leben ist ein Geschenk – es ist an uns, etwas daraus zu machen! Aus Staunen kann Dankbarkeit und Liebe erwachsen. Liebe will Ewigkeit, jenseits aller Zeit, auch wenn das in der Welt, nach allem, was wir wissen, wohl ein unerfüllbarer Wunsch bleiben muss. So kann gerade das Wissen um die Zeitlichkeit unserer Existenz helfen, besser und richtiger zu leben, achtsamer zu handeln, im Bewusstsein, dass wir für kommende Generationen Verantwortung tragen. Es gilt, ein Gleichgewicht zu finden zwischen Carpe diem (»Genieße den Tag«) und Memento mori (»Bedenke, dass du sterben musst«), das in Worten schwer auszudrücken ist. Könnte Mozarts »heitere Trauer« andeuten, wie es möglich ist, auch angesichts des sicheren Todes sinnvoll, vielleicht sogar glücklich, zu leben?

STEFAN ZIMMER

Sterben

Wenn's geht, so:
alt, nicht zu alt
erträgliche Schmerzen

liegend draußen
am Abend
zwischen Baum und Stein

in eine Decke
gehüllt

den Kopf gestützt
und – mit halb
geschlossenen Augen

noch einmal trinken
den lichten
mäßig bewölkten Himmel

Lockere Hände, eine gedeckt
von einer andern
vertrauten

nein, nicht Philemon und Baucis
solche Gnade mochten
nur längst dahingegangene
Götter gewähren

nein –
schmerzlich immer noch einmal
die Brust
gefüllt und geweitet

und mit widerstrebender
zögernder Einsicht
die Augen schließen

ausatmen endlich
in die Welt
– – –
und Schluss.

RAINER LUCE

Alle Menschen müssen sterben, vielleicht auch ich

Meine letzte große Ausstellung über Mensch und Natur zeigte die Schönheit und Grausamkeit in der Natur und des Menschen darin. Leben und Tod sind darin unzertrennbar. Michel de Montaigne, der Rechtswissenschaftler und Bürgermeister von Bordeaux, meint: »Philosophieren heißt sterben lernen.« In unserer Alltagsmeinung sterben freilich immer nur die anderen. Tatsache ist, dass jeder Augenblick vergeht, dass der Augenblick ein Schnittpunkt zwischen zwei Nichtsen ist, zwischen dem nicht mehr und dem noch nicht. Das beunruhigt und macht uns getrieben, so dass wir ständig auf der Jagd sind, das Eigentliche des Lebens einzufangen. Nie sind wir gesättigt und können in uns ruhen, besonders wenn wir die Erfahrung machen, für niemanden von Bedeutung zu sein. Dagegen lässt sich die Sinnlosigkeit schon eher ertragen. Das Tier muss auch sterben, aber das Bewusstsein der Vergänglichkeit plagt es nicht, in ewiger Bedrängnis zu leben.

Besonders, wenn wir in unserem frühen Werden der zuversichtlichen Geborgenheit entbehrten, wird die Angst vor dem gegenwärtigen Tod uns plagen. Ich mochte sieben Jahre alt gewesen sein, als eine fiebrige Angina mein Leben auszulöschen schien, da keine Medikamente halfen. Ich war im hohen Fieber, ohne Angst, während die Angehörigen meinen nahen Tod erwarteten. Hier zeigte sich die Natur gnädig. Aber mit etwa zwölf Jahren ist mir ohne Krankheit, bei bestem Wohlbefinden, das Bewusstsein meiner Sterblichkeit unerträglich erschienen. Ich meinte, darüber den Verstand zu verlieren.

Die Tatsache der Sterblichkeit müsste den Menschen zum Wahnsinn treiben. Die Natur bringt uns hervor, vernichtet uns aber mit Gleichgültigkeit. Der Einzeller, der sich durch Teilung vermehrt, kennt diese Tatsache nicht. Aber unsere Einmaligkeit ist Grund unserer heimlichen Angst. Nehmen wir diese Tatsache bewusst an, so wird von unserer Begrenztheit jeder Augenblick kostbar. Das ist entscheidend! Jeder Augenblick enthält Ewigkeitswert. Nichts ist mehr beliebig und austauschbar. Die Ewigkeit muss nicht in ferner Zukunft erjagt werden.

Alle Vertröstung auf später bestiehlt uns um das Leben in der Gegenwart. Mein Vater starb so dankbar und zufrieden zu Hause in den Armen seiner Frau und seiner Tochter. Der Krebs war nach gelungener Operation ausgeräumt, aber das Herz geschwächt. Er verabschiedete sich von mir zwei Tage zuvor mit einer Umarmung und großer Dankbarkeit für alles, für das reiche Leben. In russischer Gefangenschaft hatte er furchtbar gehungert, und als er vor Schwäche bewusstlos wurde, legte man ihn zu den Leichen. Er kam zu sich, und der Wunsch, bei seinen Lieben zu sterben, gab ihm Kraft. Nicht so gefasst starb meine liebe Schwester, als der Krebs in die Lunge stieg. Es war offenbar die Erfahrung ihres jungen Lebens, alles erkämpfen und erleiden zu müssen.

Auch habe ich die Mutter ehemaliger Schüler zu Grabe getragen. Lange und tapfer kämpfte sie gegen den Krebs, der in die Knochen ging. Angstlos bat sie mich, ihr das letzte Geleit zu geben. Die Natur war auch ihr gnädig, sie schlief friedlich ein, verehrt im Kreis ihrer Lieben.

Gott macht keinen Krebs und straft auch nicht damit, wie mein Bruder meinte, und viele »Fromme« solches glauben. Er kann auch keinen Krebs wegzaubern. Er kann uns die Liebe und den Glauben geben, die über den Abgrund des Todes hinwegtragen.

So wurde ich von einem jungen Ehepaar gerufen, bei dem der unheilbare Krebs des Mannes im letzten Stadium Schrecken und Angst auslöste. Beide waren aus der Kirche ausgetreten, was aber nicht der Grund der Angst war. Ich habe ihnen nur bewusst gemacht, dass ihre ungebrochene Liebe sie unsterblich macht, und das Wunder ist geschehen. So sagte mir die Frau: »Alle Angst ist gewichen und wir hatten noch eine gute Zeit miteinander.«

Das Leben gewinnt vom Tod her einen kostbaren Wert, in dem jeder Augenblick ein Geschenk ist. So hat auch Jesus die Angst besiegt, als er am Kreuz den Psalm Israels betete: »Vater, in deine Hände lege ich meinen Geist.«

LAURENTIUS ULRICH ENGLISCH

Sterben heißt Abschiednehmen
– Von der christlichen Botschaft des Todes

»Jetzt seid ihr bekümmert, aber ich werde euch wiedersehen: Dann wird euer Herz sich freuen und niemand nimmt euch eure Freude.« (Johannes 16,22)

Der Tod ist ein fast unerträgliches Geheimnis. Alle Generationen der Menschheit haben mit ihm gerungen, weil er so radikal, so total und manchmal auch so plötzlich das Leben zerstört. Wenn der Tod zugegriffen hat, ist nichts mehr rückgängig zu machen. Alles ist verloren. Wirklich alles?

Wenn ein Mensch zur Welt gekommen ist, können wir sagen: Vielleicht wird er alt. Vielleicht wird er reich. Vielleicht wird er berühmt. Überall vielleicht. Aber wir können nicht sagen: Vielleicht wird er sterben. Nein, er kommt nicht daran vorbei: Er wird sterben.

Gerade heute stehen viele Menschen fassungslos vor dem Tod. Sie sehen in ihm einen sinnlosen Zerstörer und protestieren verzweifelt gegen das Sterbenmüssen. Für sie ist der Tod ein Ärgernis. Sie erfahren im Tod die stärkste Verwundbarkeit des Menschen. Der ungarische Lyriker Domokos Szilágyi schreibt: »Mir ist nicht schwindelig 2000 Meter hoch im Flugzeug. Schwindelig ist mir vor einem zwei Meter tiefen Grab.«

Nicht wenige empfinden den Tod vor allem deswegen als ein Ärgernis, weil er ein Ende ist. Zu Ende ist das Sorgen und Planen, zu Ende sind Freude und Leid. Man muss sich von allem trennen: von Arbeit und Beruf, die vielleicht die so notwendige Bestätigung des eigenen Wesens und Wertes brachten; von der Wohnung, die einem so vertraut gewesen ist, von dem runden Tisch, an dem man so manches liebe Gespräch geführt hat; vom Fotoalbum, das man vielleicht in kranken Tagen oft durchgeblättert hat; von Menschen, die man mit ihren Sorgen und ungelösten Problemen zurücklassen muss. Je älter wir werden, desto mehr spüren wir das herannahende Ende, den Abbruch unseres »irdischen Zeltes« (2 Korinther 5,1).

Der heilige Kirchenvater Hieronymus (347–420), der zu Beginn des fünften Jahrhunderts in Betlehem viele Jahre lang an der lateinischen Übersetzung der Heiligen Schrift (Vulgata) arbeitete, hat diesen unaufhaltsamen Weg des Menschen zum Tod einmal so beschrieben: »Täglich sterben wir dahin ... Was ich diktiere ... wieder lese und verbessere, zehrt an meinem Leben ... Wir schreiben Briefe und antworten. Die Briefe reisen über die Meere, und während der Kiel die Wogen durchschneidet, kürzt jeder Wellenschlag Stück für Stück unser Leben ab.«

Ein winziges Blutgerinnsel kann dem Leben innerhalb von Minuten ein Ende machen – trotz Blaulicht und Hubschrauber, Intensivstation und künstlicher Beatmung. Der Tod gewinnt das »Rennen« um die Zeit. Dann merken wir, wie wahr das alte Kirchenlied ist: »Ach wie flüchtig, ach wie nichtig ist der Menschen Leben! Wie ein Nebel bald entstehet und auch wieder bald vergehet, so ist unser Leben, sehet!« (Michael Franck 1652)

So plötzlich kann der Tod da sein – für jeden von uns. Müssen wir deswegen verzweifelt sein? Der im Jahre 1983 verstorbene frühere Bischof der Diözese Rottenburg-Stuttgart, Georg Moser, hat einmal gesagt: »Wir sollten jeden Tag auf unseren Tod eingestellt sein. Sterben ist ein Abschiednehmen, ein Heimgehen zum Vater, die letzte Liebeserklärung Gottes an den Menschen: ›Komm, du guter und getreuer Knecht, geh ein in die Freude deines Herrn.‹« (Matthäus 25,23)

Knapper und treffender kann die christliche Botschaft vom Sterben kaum noch ausgedrückt werden. Der Tod ist für den Christen nicht ein Ende, sondern ein Anfang. Er ist nicht Zerstörung und Nicht-mehr-Sein, sondern Neubeginn und Leben. Der Tod ist nicht das Letzte, vielmehr folgt dem Sterben die Auferstehung. »Wir schreiten von Anfang zu Anfang, bis wir an einen Anfang kommen, dem kein Ende mehr beschieden ist«, sagt der heilige Augustinus.

Michelangelo sagte einst zu einer Gräfin: »Ich bin jetzt 86 Jahre alt und hoffe, bald von Gott heimgesucht zu werden.« Die Gräfin fragte ihn: »Sind Sie lebensmüde?« Und der große Künstler entgegnete ihr: »Nein, lebenshungrig!«

REINHARD ABELN

Er nannte ihn »Freund Hein«

Ich bin seit dreißig Jahren Hörfunk- und Fernsehjournalist bei mehreren ARD-Anstalten, habe viele Jahre in Hamburg-Wandsbek gelebt, dort Theologie studiert und in meiner Jugend fromme Pop-Lyrik im Stil evangelischer Kirchentagslieder geschrieben. Gehörte also zu genau jenen »Halleluja-Schlümpfen«, vor denen sich kunstsinnige Feuilletonisten und gebildete Kirchenmusiker gruselten.

Er war Journalist für eine Zeitung, deren Titel auf ihn selbst überging – »der Wandsbeker Bote« –, er hat Theologie und Jura studiert und schnurrige Alltagslyrik verfasst. Für hehre Literaturkritiker ist er nur ein schlichtgläubiger, schlimmstenfalls »treuherziger«, Romantiker: Matthias Claudius (1740–1815).

Will ich mich etwa mit ihm vergleichen ? Natürlich nicht. Der Dichter interessiert mich, weil ich Angst vor dem Tod habe. Matthias Claudius nannte den ungebetenen Gast »Freund Hein« und übte zeitlebens den Umgang mit ihm. Obwohl der Tod nur selten mit sich reden lässt.

»Der Mond ist aufgegangen / die goldnen Sternlein prangen ...« Diese Zeilen kennen alle. Leider meist nur die. Dabei wurzelt die kindliche Lebensfreude des lakonischen Norddeutschen gar nicht im Idealismus oder im Pietismus, sondern vielmehr in den Psalmen und Klageliedern der hebräischen Bibel.

Im Pfarrgarten hinter seinem Geburtshaus im holsteinischen Reinfeld bei Lübeck gibt es einen Teich, auf dem der kleine Matthias herumrudert. Als das Boot plötzlich umschlägt und den Nichtschwimmer unter sich begräbt, rettet ihn sein jüngerer Bruder Christian in letzter Minute. Zusammen mit seinem Bruder Josias studiert Claudius Theologie in Jena. 1760 erkranken beide an den schwarzen Blattern. Matthias überlebt, der zwanzigjährige Josias nicht. An seinem Grab hält Matthias Claudius die erste und letzte Predigt seines Lebens. Fortan hat er nie wieder eine Kanzel betreten.

Die Erstausgabe seiner »Sämtlichen Werke«, gedruckt 1775, zeigt links den Knochenmann mit Sense und rechts einen Wandererhut, auf dessen Spitze eine Eule und auf dessen Krempe Frösche sitzen. Matthias Claudius erklärte seine programmatische Vignette so:

»Im biblischen Buch Exodus sind Frösche eine der zehn Plagen Ägyptens. So lästig wir Journalisten auch sind, erfüllen wir doch einen höheren Auftrag – dem Lebenswanderer die Eule der Weisheit aufzusetzen, stets eingedenk seiner Endlichkeit.«

Ende Februar 1777 erkrankt Claudius in Darmstadt an einer Brustfellentzündung und verhandelt mit dem grinsenden Sensenmann:

Sei mir willkommen, sei gesegnet, Lieber.
Dass du so lächelst! Doch …
doch, guter Hein, hör an: Du musst vorüber.
So geh und lass mich noch!
»Bist bang? Ich soll vorübergehen
auf dein Gebet und Wort?
Leb also wohl. Auf Wiedersehen!«
Und damit ging er fort.
Und ich genas! Wie sollt' ich Gott nicht loben.
Die Erde ist so schön,
ist herrlich doch wie seine Himmel oben
und lustig drauf zu gehen.

Das erste Kind von Rebekka und Matthias Claudius stirbt noch am Tage der Geburt, sechzehn Jahre später stirbt ein weiterer Sohn im Alter von zwei Jahren. Am 2. Juli 1796 erliegt die neunzehnjährige Tochter Christiane einem Nervenfieber.

Claudius schreibt:

Es stand ein Stern am Himmel
Ein Sternlein guter Art
Das tat so lieblich scheinen,
so lieblich und so zart.

Ich wusste seine Stelle
am Himmel, wo es stand.
Trat abends vor die Schwelle
Und suchte, bis ich's fand.

Heut' ist der Stern verschwunden.
Ich suche hin und her,
wo ich ihn sonst gefunden,
und finde ihn nicht mehr.

Eine geradezu bestürzende Selbstdisziplin finde ich das. Der Titel des Gedichts lautet schlicht »Christiane«. Unter anderem diese erschütternde Überschrift inspirierte Franz Schubert zu seiner Komposition »Der Tod und das Mädchen«.

Kann man mit dem Tod befreundet sein? Ich glaube nicht. Auch nicht, wenn eine bewundernswerte historische Figur ihn »Freund Hein« nannte. Aber vielleicht kann ich weniger ungehalten sein über die Kürze des Lebens, wenn ich mich gehalten weiß.

»Freund Hein« holte den Wandsbeker Boten ab, wie man es sich im Zeitalter lebensverlängernder Hightech-Medizin nur wünschen kann: nach kurzem Leiden, bei klarem Bewusstsein und im Kreis der miteinander versöhnten Familienmitglieder. Matthias Claudius starb am 21. Januar 1815 im Haus seines Schwiegersohns Friedrich Perthes in Hamburg, Jungfernstieg Nr. 22.

ANDREAS MALESSA

Die Beute

Was also wird unser Tod erbeuten
nach einem herrlichen Fest namens Leben?
Da haben unsere Seelen die Leiber schon verzehrt
und für den Tod, wenn er kommt,
nur dieses kleine bisschen übrig gelassen.

MUHAMMAD AL-GHUZZI

Die Noch-nicht-Toten sind Zuschauer, vor allem in Einübung des künftigen unvorhersehbaren eigenen Todes, wie Bäume sehen sie sich gegenseitig beim Sterben zu …

LUO YING

Der Weise aber entzieht sich weder dem Leben, noch fürchtet er sich davor, nicht zu leben. Denn weder ist ihm das Leben zuwider, noch meint er, dass es ein Übel sei, nicht zu leben. Wie er aber bei den Speisen keineswegs das meiste, sondern das Wohlschmeckendste für sich auswählt, so bezieht er auch nicht aus der längsten, sondern aus der angenehmsten Lebenszeit seine Freude.

EPIKUR

Rückblick

Guter Gott,
in meinem hohen Alter
blicke ich voller Dankbarkeit auf Deine Gaben,
die Du mir in die Schale meines Lebens gelegt hast.

Freude wechselte mit Leid,
Licht war in der Dunkelheit
und Schönes stand oft am Rande des Schweren.
Ich weiß,
dass ich diese gefüllte Schale leeren
und dass ich loslassen muss,
was mir lieb geworden.

Ich möchte bereit sein, wenn Du mich rufst.

So bitte ich Dich, mein Gott:

Leg in diese leere Schale meines Lebens
Rosenknospen der Sehnsucht
nach Dir und deinem himmlischen Reich,
nach Deiner Güte, Liebe und Barmherzigkeit,
damit sie sich entfalten können
zu Deiner Ehre.

SABETH MOREIN

Trost

Tod
du
bist

nur ein Schlafengehen

mit
vielen Träumen

bis
zum
nächsten
Erwachen

JUTTA JUNG

Der Tod stirbt beim Lieben

Einer Blüte gleich, so stand Er vor mir, verweilte nur für diesen Augenblick. Ich aber wollte leben, und das zum ersten Mal.

Geh! schnaufte ich: was willst du schon von mir? Er ging tatsächlich. So wollte ich es. Macht behalten, auch über den Tod. Dabei wäre es interessant gewesen, zu Lebzeiten mit ihm eins zu werden, ihn zu fühlen, auch zwischen den Schenkeln. Niemand hat ihn entkleidet gesehen, täusche ich mich? So gehe ich nicht von der Bühne, schwor ich mir. Wie kommt es, dass mich die Phantasie: mich mit dem Tod zu vereinen, heiter stimmt, wie nie?

Hart würde es werden, knochig und kalt, wahrscheinlich bliebe er auch in der Ekstase stumm. Nein, auch ihn würde es umbringen, auch er würde sterben dabei. Wunderbare Aussicht: Der Tod stirbt beim Lieben.

Vorher muss ich mich aber schön machen, denn das nächste Mal soll er nicht vorbeigehen, ohne mich zu begehren. Ob ich das kann, eine ganz und gar andere werden?

Hoffentlich sieht er nicht das lädierte Bein. Hoffentlich stört er sich nicht an den trockenen Augen. Hoffentlich findet er mich attraktiv, aber auch das wäre für das Vorhaben zu wenig. Was muss ich sein, wer muss ich werden, um den Tod zu lieben?

Ich könnte es versuchen, mich halbnackt an den Straßenrand stellen. Einmal sollte ich auch das ausprobiert haben, vielleicht macht es sogar Vergnügen. Es gibt Dinge, die mir noch unbekannt sind. Das muss ich ändern! Denn auch das, wofür du bezahlst, kann Genuss, kann Wonne bereiten. Was zählt, ist der Augenblick. Vor dem Tor hört jede Konvention auf. Hier ist alles erlaubt.

Wohin treiben mich die Gedanken im Morgengrauen, während die kleine Schwester die Morphiumspritze aufzieht, herabsieht auf eine, die die Augen halbgeschlossen hält.

Die Schwester ist gegangen. Die Spritze wirkt nicht mehr. Ich habe nichts gesagt, sie nicht angesehen, damit sie hineingehen kann in den Tag, der sie braucht. Die Metastasen sind Tochtergewächse, hat die kleine Schwester noch gesagt.

Ich habe mir immer eine Tochter gewünscht, einen Menschen, den ich bedingungslos lieben kann. Da steht es. Ich habe es mit zittriger Hand in mein Tagebuch geschrieben.

Ich möchte rauchen, eine Zigarette haben! Seit langem hab ich das Rauchen aufgegeben.

Wenn Sie vernünftig sind, sagte Professor Großmuth, dann hören Sie mit dem Rauchen auf, Frau Vitá. Es könnte Ihr Leben verlängern. Wieso hat er nicht gefragt, ob ich ein längeres Leben unter diesen Umständen wünsche?

Bruder?

Hast du gerufen, Valera?

Gibst du mir bitte eine Zigarette?

Was sagst du?

Ich möchte rauchen, Bruderherz.

Warte! Ich gehe an den Automaten an der Ecke, du wartest doch?

Geh langsam, Bruder, nichts ist eilig. Ich warte auf dich!

Ich werde dem Tod deine Gestalt geben. Was meinst du dazu, Tom? Ich möchte, dass er deine Stimme, deinen Gang annimmt.

Tom, mein Todgemahl. Ich bin ja verrückt! Haben die Metastasen jetzt auch das Gehirn erreicht?

Wie lange das so geht, möchtest du wissen, Tom? Gibt es eine Todesverbindung von Anfang an, und wir tun nur so, als wären wir frei? Dabei ist er von Anfang an unser Begleiter. Hätte er einen Namen, dann könnte ich ihn rufen. Welchen Namen würde er akzeptieren, auf welchen würde der Tod hören?

Gregor? Neptun? Paradies?

Paradies!, diesen Namen, gib zu, hast du nicht erwartet. Der Name wird dich überrumpeln, dich treffen, mitten ins Herz. Ob der Tod ein Herz hat?

Paradies! Ich spüre, wie er die Fühler ausstreckt, wie der Maikäfer, der in Hannis Haar geflogen war, und den wir in eine Streichholzschachtel sperrten, als wir Kinder waren.

Paradies!, hörst du mich?

Zähm dich!

Das kann er, Gase ausströmen, die dich lähmen sollen.

Ein permanenter Zustand, sagt die kleine Schwester, die einen Zettel aufhebt und fragt: was ist denn das, Frau Vitá?

Der Tod und sein Gast, antworte ich. Die kleine Schwester zählt meinen Puls, sieht hoch. Der Tod und sein Gast? Der Titel für eine Geschichte, antwortete ich und ziehe das Kopftuch glatt.

Da fehlt aber noch was, kichert die kleine Schwester.

Was denn?, frage ich.

Liebe!, sagt die kleine Schwester.

Du riefst mich?

Davon weiß ich nichts.

Du hast meinen Namen gerufen!

Niemals! Ich kenne deinen Namen nicht.

Heb mich auf! Weshalb hast du mich sonst geweckt?

Paradies, Paradies, das wärst du?

Ich rolle aus dem Bett, kullere über den Fußboden.

Komm!, flüstert er, komm näher heran!

Insgeheim wünsche ich, er wäre wirklich gekommen, und hätte mir meinen letzten Wunsch erfüllt. Einmal in dir ruhen, und noch nicht gestorben sein.

Komm, ruft er wieder, komm dichter heran!

Nur eine Handbreit trennt mich von dem, den ich gerufen haben soll. Nur eine Handbreit. Mit großer Anstrengung rolle ich in seine Richtung. Er rollt weiter. So kommen wir nie zueinander!

Ich hänge fest, bin an einen Nagel gestoßen, den mein Bruder in die Dielen schlagen wollte.

Ich klemme fest, Paradies, ich kann dir nicht helfen! Lächerlich, es fehlte nur, mein Bruder käme jetzt mit den Zigaretten zurück.

Die Krankenschwester beugt sich über mein Bett. Geht es Ihnen nach der Spritze etwas besser, Frau Vitá? Er war hier, flüstere ich.

Die kleine Schwester schaut zum Fenster, als sie sagt: Sicher können Sie gleich schlafen, versuchen sollten Sie es wenigstens, Frau Vitá!

Mit großer Anstrengung öffne ich die Augen, um zu erkennen, wer unter der Lampe sitzt. Bist du es, Bruder? Wie grau dein Haar ist, auch dir ist das Leben zu viel. Ich höre meinen Bruder etwas sagen, und ich verstehe zum ersten Mal, worum es ihm geht. Ich gebe ihm ein Zeichen, er steht auf, setzt sich neben mich, fasst meine Hand, nimmt einen Tupfer aus einem Glas, betupft die trockene Mundhöhle. Dann zündet er mir eine Zigarette an.

Geh!, bitte ich, geh Bruder, lass mich allein. Doch vorher reich mir mein Schminktäschchen! Du hast richtig gehört, es liegt dort auf dem Brett. Es ist blutrot, du kannst es nicht übersehen. Danke! Nun geh! Lass mich allein. Nur einen Augenblick, Bruder.

Wie ihm das Purpurrot steht! Es ist wirklich die absolute Farbe.

Siehst du, auch ich habe mich geschmückt wie du, und ich hoffe, ich gefalle dir so?

Du hast es erraten, ich brauchte ein wenig Farbe. Ich mochte dich nicht erschrecken, nicht totenbleich sein, wenn du kommst.

Was für eine schicke Kappe du trägst! Wo hast du das Samtbarett her?

Ach, wie hab ich dein Lächeln vermisst! Zauberer, du mein König! Zaubere mich zurück ins Leben! Siehst du, er kann es, er hat die Kraft und die Liebe dazu.

Du willst mir etwas geben? Ein Geschenk?

Nein, zieh den Mantel nicht aus, ich bitte dich. Ich soll ihn überziehen? Und du? Was wirst du tragen, wenn wir uns lieben? Wie, der Mantel ist doppelt genäht? Dann ist es gut, dann werde ich deinen grünen Mantel tragen.

Wie weich deine Hände sind, weicher als der Stoff, den du um mich legst. Dein Samtbarett soll ich auch aufsetzen? Nein, nein, kein Spiegel mehr! Ich will in keinen Spiegel sehn.

Ah, ich verstehe, der Spiegel wirft das Licht zurück, das wir brauchen für das letzte Spiel.

Wie weich du bist, wie zart du mich in deinen Armen trägst. Ja, öffne mich, schenk Wärme mir ...

Bleib! Bitte, bleib! Lass deine Hände, deine Lippen hier!

Auch du vergehst, bist Rauch, bist Wind?

Wie hell es wird. Heller als Schnee, der zu tauen beginnt.

BARBE MARIA LINKE

Versöhnung mit dem Weltgesetz

Die vollkommenen Weisen des Altertums kannten weder die Liebe zum Leben noch den Hass auf den Tod. Der Eintritt ins Leben war für sie kein Grund zur Freude, der Austritt aus ihm rief keinen Widerstand hervor. Sie kamen und gingen in Gelassenheit. Sie vergaßen nicht ihren Anfang, noch fragten sie nach ihrem Ende. Sie nahmen ihr Leben hin und freuten sich daran; sie vergaßen jegliche Furcht vor dem Tod und kehrten zurück zu dem Zustand vor ihrem Leben. Es lag ihnen fern, dem Weltgesetz zu widerstreben und den geringsten Versuch zu machen, mit menschlichen Mitteln das Göttliche befördern zu wollen.

ZHUANG ZI

Lebe im Jetzt

Laufe nicht der Vergangenheit nach, verliere dich nicht in der Zukunft. Die Vergangenheit ist nicht mehr. Die Zukunft ist noch nicht gekommen. Das Leben ist hier und jetzt.

BUDDHA

Gitanjali (Auszug)

Ich nahm den Augenblick nicht wahr,
da ich zum ersten Mal die Schwelle
dieses Lebens überschritt.

Ach, welche Macht hat mich geöffnet
in diese Weite voll Geheimnis,
wie eine Knospe sich erschließt
im Wald um Mitternacht.

Als ich am ersten Morgen aufsah
in das Licht, erkannt ich plötzlich,
dass ich auf dieser Welt kein Fremdling war.
Das Unerforschliche, das weder Form
noch Namen hat, nahm mich in seine Arme –
in meiner lieben Mutter Arme.

Genauso wird der Tod, das gleiche Unbekannte,
mir erscheinen als etwas, was ich stets gekannt.
Und weil ich dieses Leben liebe,
werd ich gewiss den Tod genauso lieben.
Das Kind weint auf, wenn es die Mutter
wegnimmt von der rechten Brust,
und findet an der linken schon
im nächsten Augenblick den vollen Trost.

Wenn ich einmal von hier mich wende,
sei dies mein Abschiedswort:

Unübertrefflich ist, was ich gesehen.

Gekostet hab ich von dem verborgenen
Honig der Lotosblüte, die auf dem Ozean
des Lichts sich entfaltet.
Und so bin ich begnadet.
Dies sei mein Abschiedswort.

Auf dieser Bühne grenzenloser Formen
hatte ich mein Spiel.

RABINDRANATH TAGORE

Herbst

Die Blätter fallen, fallen wie von weit,
als welkten in den Himmeln ferne Gärten;
Sie fallen mit verneinender Gebärde.

Und in den Nächten fällt die schwere Erde
aus allen Sternen in die Einsamkeit.

Wir alle fallen. Diese Hand da fällt.
Und sieh dir andre an: es ist in allen.

Und doch ist Einer, welcher dieses Fallen
unendlich sanft in seinen Händen hält.

RAINER MARIA RILKE

IV

Über den Tod hinaus

Was an der aschenen Grenze
wird meine Augen öffnen?

OCTAVIO PAZ

Niemals geschaute
Flügel der Morgenröte
auch mir verheißen

FRIEDRICH WILHELM STEFFEN

Klage nicht Abschied, ach Abschied
wenn man ins Grab mich geleitet:
Ist mir doch selige Ankunft
Hinter dem Vorhang beschieden

RUMI

Unser Gott ist voll Liebe und Erbarmen; er schickt uns den Retter, das Licht, das von oben kommt. Dieses Licht leuchtet allen, die im Dunkeln sind, die im finsteren Land des Todes leben; es wird uns führen und leiten, dass wir den Weg des Friedens finden.

LUKASEVANGELIUM, AUS KAPITEL 1

Todesanzeige

Vom Herrn des Lebens wurde er
in seine göttliche Umarmung,
in die Ewigkeit abberufen.

Diese Worte stammen
offensichtlich
von einer Todesanzeige.
Und offensichtlich haben Christen
diese Anzeige verfasst.
Denn nur Christen
drücken sich so aus.
Bei denen ist Sterben eine Berufung,
wenn auch
Abberufung.
Abberufen in die Ewigkeit.
Egal, welch einen Wert ein Christ hatte,
abberufen in die Ewigkeit
wird er auf jeden Fall.
Aber dass der Herr des Lebens
uns im Tode umarmt,
das ist auch auf christlichen Anzeigen
selten zu lesen.

MICHAEL ZIELONKA

Und dann

nichts wollen
nichts sollen
nichts fürchten
nichts fragen

alles verstehen
vollkommenes Einvernehmen

keine Grenzen
kein Raum
keine Zeit
kein Leid
leicht sein
von Liebe umgeben

MARIA ULEER

Vom himmlischen Festmahl

Hier auf dem Zionsberg wird es geschehen: Der Herr, der Herrscher der Welt, wird für alle Völker ein Festmahl geben mit feinsten Speisen und besten Weinen, mit kräftigen, köstlichen Speisen und alten, geläuterten Weinen. Hier wird er den Trauerflor zerreißen, der allen Völkern das Gesicht verhüllt; er wird das Leichentuch entfernen, das über den Nationen liegt. Den Tod wird er für immer vernichten und von jedem Gesicht die Tränen abwischen. Dann nimmt er die Schande von seinem Volk, unter der es überall gelitten hat. Der Herr, der mächtige Gott, hat es versprochen! An jenem Tag wird man sagen: »Er, der Herr, ist unser Gott! Auf ihn hatten wir unsere Hoffnung gesetzt, und er hat uns die Rettung gebracht; wir haben nicht vergeblich gehofft. Nun können wir voll Freude singen, weil er unser Retter ist!«

JESAJA, AUS KAPITEL 25

Sagen Sie mal, Tod ...

Seit ihn Jesus heimsuchte, leidet der mächtige Gevatter an Depressionen. Manchmal möchte er sterben.

... auch Sie werden noch dran glauben müssen!

Tod: Wo dran?

Daran, dass das Leben siegt! Kennen Sie nicht die Kampfansage des Apostels Paulus?

Tod: Ist das dieser überaus eifrige Missionar, der die gesamte Mittelmeerwelt mit dem absonderlichen Glauben an die Auferstehung und ein vermeintlich ewiges Leben missioniert hat?

Genau der. Dass Sie ihn nicht sympathisch finden, kann ich verstehen. Schließlich kündigte er Ihren Untergang an: »Der letzte Feind, der vernichtet wird, ist der Tod«, schrieb er an die Gemeinde von Korinth.

Tod: Tragischer Mann, dieser Paulus. Ich holte ihn, als er in Rom nach einem kräftigen Schwerthieb dem Leben Servus sagte. Er schaute irritiert, als er mich erkannte. Dumm gelaufen. Das ist fast zweitausend Jahre her. Und noch immer regiere ich die Welt, noch immer habe ich mir meine Souveränität bewahrt: Wann ich die Menschen heimsuche, bleibt allein meine Sache, wie ich komme auch. Ob Unfall oder Krebs, ob eine Gewehrkugel, Gift oder ein Sprung von der Brücke – täglich widme ich mich mit Leidenschaft und Fantasie meiner Aufgabe. Und lächle über die mickrigen Versuche der Menschen, die Begegnung mit mir hinauszuzögern.

Wer zuletzt lacht, lacht am besten, Gevatter Tod! Das Beispiel des Jesus von Nazareth müsste Ihnen doch zu denken geben!

Tod: Ach, wissen Sie: Jede Regel wird durch Ausnahmen am wirkungsvollsten bestätigt. Ich gebe also gerne zu und gönne Ihnen einen kleinen Triumph von Herzen: Ja, dieser beseelte Wanderprediger war eine harte Nuss, ich konnte ihn nicht im Grab halten. Er suchte mich sogar drei Tage lang in meinem Reich heim.

Das ist allgemein bekannt und gehört zu unserem Glaubensbekenntnis. Nicht bekannt hingegen ist, was Sie beide dort eigentlich miteinander besprochen haben.

Tod: Entschuldigung, darüber haben wir absolutes Stillschweigen bewahrt!

Ach, Gevatter Tod! Das ist schon so lange her, Jesus wird es Ihnen nicht übel nehmen. Vielleicht ist dieses Interview Ihre einzige Chance, das Geheimnis jemals zu lüften. Wer außer mir sollte sich sonst freiwillig in Ihre Nähe begeben?!

Tod: Also gut. Er offenbarte die Waffen, mit denen er mich zu schlagen gedenkt. Zuerst schmunzelte ich darüber, doch mittlerweile weiß ich, dass diese Methoden mir tatsächlich das Wasser abgraben können.

Was hat er gesagt? Dass er Sie ausradieren will? In die Hölle schicken könnte er Sie ja nicht, da wohnen Sie schließlich schon.

Tod: Sehr witzig. Nein, ganz anders. Er lässt mich leben und wirken wie seit jeher. Seine Taktik ist perfide und funktioniert immer öfter: Er hat sich vorgenommen, den Menschen die Angst vor mir zu nehmen. Bislang war es normal, dass die Menschen mich mit entsetztem Blick anschauten. Diese Momente habe ich stets sehr genossen, sie waren das Fundament meiner Macht. Doch immer öfter machte ich fortan die bittere Erfahrung: Ich steh vor den Menschen – und sie bekommen einen seligen Gesichtsausdruck. Weil irgendein Pfarrer ihnen ins Ohr getrichtert hat, es gebe ein ewiges Leben! Dass sie nicht ein für alle Mal im Totenreich verschwinden, sondern den noch Lebenden schlicht nur vorausgehen auf dem Weg zu Gott. Verstehen Sie meine Tragik?!? Ich werde gar nicht vernichtet, wie Paulus es androhte – ich werde schlicht missachtet!

»Tod, wo ist dein Stachel?«, hat Paulus gefragt.

Tod: Dieser Spruch baut mich nicht gerade auf. Das ist wahrlich deprimierend. Am liebsten würde ich sterben.

Geht nicht. Sie sind ja schon »Tod«.

Tod: Wäre nur dieser Jesus nicht gewesen. Mein Leben hätte so schön bleiben können.

Seien Sie getrost: Auch Sie werden eines Tages dran glauben!

UWE BIRNSTEIN

Die Auferstehung der Toten

Der Glaube an die allgemeine Auferstehung der Toten gründet in dem Glauben an die Auferstehung Jesu. Aber wurde der Glaube an die Auferstehung Jesu zum Ursprung für ein neues Leben und Zusammenleben von Menschen als christlicher Gemeinde, so ist der Glaube an die allgemeine Auferstehung der Toten Ursprung für die Hoffnung über den Tod hinaus. Doch wie hat man sich das vorzustellen: Auferstehung?

Am besten nicht in konkreten Bildern, denn es geht bei dem Glauben an die Auferstehung nicht um eine konkret ausgemalte Jenseitsvorstellung. Es geht um den Glauben und die Hoffnung, dass kein Mensch in seiner Individualität im Tod verlorengeht, sondern Zukunft bei Gott hat. Gott holt jeden Einzelnen aus dem Tod zu sich. Wie das genau aussieht, das trifft man sicher ebenso wenig mit den Bildern, die es von Himmel und Hölle gibt, wie mit anderen moderneren Jenseitsvorstellungen. Wir können uns Gott nicht bildlich vorstellen, wie sollten wir uns da ein Leben bei Gott vorstellen können?

Wenn Menschen sterben, dann endet das begrenzte irdische Leben. Was dann genau kommt, weiß niemand und sagt auch die Bibel nicht.

Der Glaube an das ewige Leben bedeutet jedenfalls nicht, dass ein »zweites« Leben nach dem Tod unendlich weitergeht oder dass der Mensch unendlich oft wiedergeboren wird. Ewig ist allein Gott.

Ewiges Leben sagt nicht etwas über die Dauer des Lebens, sondern über seine Nähe zu Gott. Ewiges Leben ist gelingendes Leben, Leben in Einheit mit Gott.

Christen glauben, dass sie nach dem Tod nicht ins Nichts fallen, sondern zu Gott kommen. Aber ewiges Leben ist nicht nur etwas Jenseitiges.

So kann es im Neuen Testament heißen: Wer an Jesus Christus glaubt und danach lebt, also in Einklang mit Gott lebt, der hat schon jetzt das ewige Leben, der ist schon jetzt vom Tod ins Leben hinübergegangen.

AUSSCHUSS FÜR THEOLOGIE, GOTTESDIENST UND KIRCHENMUSIK DER EVANGELISCHEN KIRCHENGEMEINDE HENNEF

Mein Erlöser lebt

Eines weiß ich: Mein Erlöser lebt; auf dieser todgeweihten Erde spricht er das letzte Wort! Auch wenn meine Haut in Fetzen an mir hängt und mein Leib zerfressen ist, werde ich doch Gott sehen! Ja, ihn werde ich anschauen; mit eigenen Augen werde ich ihn sehen, aber nicht als Fremden. Danach sehne ich mich von ganzem Herzen!

HIOB, AUS KAPITEL 19

V

Trauer als Weg

Jenseits des Verstandes wohnt die Trauer.

MICHA BUND

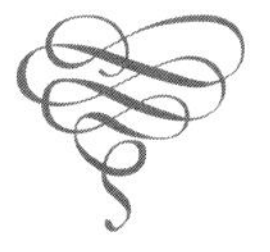

Deine Trauer

In der Trauer lernst du dich neu kennen. Wissen, Können, Titel oder Geld – was du bist und was du hast, zählt da nicht mehr. Wenn ein geliebter Mensch stirbt, stirbt etwas von dir selbst mit.

Die Trauer gehört zu deinem Dasein. Sie hat dich, wenn die akute Trauer über den Todesfall abgeklungen ist, zwar nicht fest im Griff; aber sie ist da. Begegne ihr offensiv, lasse ihr Raum – in Erinnerungsstunden mit melancholischer Musik und Fotoalben, in Friedhofsbesuchen und Träumen. Die Tränen dürfen fließen, auch nach Jahren noch. Entscheidend ist: Du weißt, du darfst leben, du darfst deine Tage in Zeit und Raum genießen.

Du weißt auch, wie kräftezehrend Trauer ist. Du bist damit allein, weil jene, die sie nicht kennen oder nicht zulassen, kaum nachvollziehen können, welch seltsame und widerstrebende Gefühle sie verursacht: Niedergeschlagenheit und Lebenslust, Wut über die Abgründe unserer Existenz, Angst.

Wehre dich nicht gegen die Trauer, sie fordert ohnehin ihren Tribut. Nimm sie zum Anlass, dein eigenes Leben zu bedenken, dankbar zu sein für alles, was schön ist. Ebenso, mutig zu ändern, was falsch läuft.

Du hast dich an der Trauer abgearbeitet. Dabei hast du ihre verschiedenen Gesichter kennen gelernt, bei dir selbst und bei anderen. Sie ist individuell.

Sie braucht Zeit. Sie verändert sich, wie sie auch dich verändert.

GEORG SCHWIKART

Trauerarbeit

Wir haben längst begriffen, dass Trauerarbeit zum Menschsein hinzugehört. Trauer suchen wir nicht, sondern Trauer findet uns, wenn wir Abschied nehmen müssen – von Menschen, die uns ans Herz gewachsen sind, genauso wie von liebgewordenen Orten, Gewohnheiten, Vorstellungen und Dingen. Aber Abschied und Trauer sind ein Tribut, den wir dem Leben zollen, nicht dem Tod. Denn sie sind der Wegzoll, den wir geben, um mit eigenen und fremden Erfahrungen zu uns selbst finden und, so verwandelt, durch immer neue Tore des Lebens gehen zu können. Es geht um Lebenserfahrung, Reife, Erwachsenwerden und darum, dass wir lernen, uns selbst zu verantworten.

Alles Trauern ist mit Schmerzen verbunden, und darum versuchen wir gerne, der Trauer auszuweichen. Und doch ist Trauern lebensnotwendig. Unsere Seele wird krank, wenn wir Trauer verweigern, um die Schmerzen der Trauerarbeit nicht durchleben zu müssen.

KLAUS-PETER JÖRNS

Trauerweg

Freiwillig wählt sich niemand diese Fahrt aus. Und doch kommt der Tag, an dem der lange Weg der Trauer beginnt. Sie betritt unser Haus, wenn es Abschied zu nehmen gilt: von Orten, Lebensphasen, von Menschen – wohl der schmerzhafteste. Wie auf dem Grund eines Brunnens ist der trauernde Mensch zunächst einmal abgeschnitten von allem bisher Vertrauten. »Ausgetan aus dem Land der Lebendigen« (Jeremia 11,19), nennt es die Bibel. Durch diese Wüste schlängelt sich ein Fluss, dessen Wasser nicht mehr fließt. Trauernde Menschen erstarren manchmal, wie Wasser zu Eis erstarrt. In ihnen ist es kalt, weil sie die Wärme eines anderen Menschen nicht mehr spüren. Der kleinste Handgriff kann überfordern. Vom Fluss des Lebens fühlen sie sich abgeschnitten.

Und dann: nichts Widersprüchlicheres als die Reise durch die Landschaften der Trauer. Noch eben fühlte sich der Verlassene wie in einem Kältestrom. Jetzt befindet sich der trauernde Mensch im Mittelpunkt eines Vulkans. Eine unglaubliche Wut droht einen bisher friedliebenden Menschen förmlich zu zerreißen. Hass auf den Verstorbenen, der einen allein gelassen hat; auf Gott, der sich scheinbar abgewandt hat. Und darüber hinaus sieht man vom Vulkan aus in der Ferne die Stadt der Glücklichen. Dort erkennt der trauernde Mensch all das, was er nun verloren hat: Menschen, die mit ihrem Partner ein ganz normales Leben führen. Zwar ist ihm der Eintritt dorthin noch verwehrt. Und dennoch spürt der wütende Mensch in seinem Untergrund schon eine neue Kraft, die nie völlig aus ihm entwichen ist.

Noch aber ist das bunte Leben weit entfernt. Am Tränensee muss der Mensch noch vorbei. Völlig unmotiviert brechen Tränen hervor: beim Einkaufen, auf der Autofahrt, im Büro. Oft ohne konkreten Anlass, aber mit einem unbestimmten Gefühl, das den endgültigen Verlust wie einen schneidenden Schmerz bewusst werden lässt. Allerdings weiß die Bibel zu erzählen, dass gerade Weinen die »Lebensbäche im Südland« (Psalm 126,4) wieder fließen lässt, und die Starre sich zu lösen beginnt: »Die mit Tränen säen, werden mit Freuden ernten. Sie gehen hin und weinen und streuen ihren Samen und kommen mit Freuden und bringen ihre Garben.« (Psalm 126,5f)

Am Ende hat ein trauernder Mensch so manch »finstere Täler« (Psalm 23,4) durchwandert. Dennoch erwartet ihn am Talausgang ein neuer Tag. Das mag nicht zuletzt daran liegen, dass Jesus gerade die Trauernden selig nennt, weil sie von ihm getröstet werden (Matthäus 5,4). In unserer sogenannten Spaßgesellschaft findet öffentliches Trauern immer seltener statt. Es ist aber unumgänglich, um nach einem Abschied weiterleben zu können. Dieser Weg sieht bei jedem anders aus. Aber er wird begleitet von dem Trost, dass Jesus Trauernde auf ihrem Weg nie allein lässt.

MAX KORANYI

Samtener Trost

Pfingstrosen verblühn
Tränenblüten fallen leis'
auf meine Trauer

Tulpene Tode
bäumen sich auf bis zuletzt
gegen den Himmel

Ein Tropfen Wasser –
im Kelch einer Blume ruht
das Naturgesetz

HALINA NITROPISCH

Über das Weinen

Wo's einem zum Weinen ist
da soll auch geweint werden
Denn froh darüber
dass noch geweint wird
frage ich mich
was werden das für Zeiten sein
die keine Tränen mehr haben

HORST D. GÖLZENLEUCHTER

Mit den Augen einer Mutter

Ich werde vom Kreißsaal verständigt, dass auf Station eine junge Mutter liege, die in der 22. Schwangerschaftswoche ihr Baby verloren hatte – ich solle sie doch besuchen.

Frau K. liegt alleine in einem Zimmer und weint leise vor sich hin. Ich stelle mich vor, sie bietet mir einen Stuhl an, wir sitzen lange Zeit schweigend da – dann beginnt sie zu erzählen:

Sie habe sich sehr auf dieses Kind – ein Junge – gefreut. In den ersten Schwangerschaftswochen sei alles gut verlaufen, die Untersuchungen brachten auch lauter normale Ergebnisse, nichts Beunruhigendes. Und trotzdem hatte sie das Gefühl, dass irgendetwas nicht so ganz in Ordnung sei.

Am nächsten Tag ging sie zu ihrer Frauenärztin, die eine Ultraschall-Untersuchung machte und ihr sagte, mit dem Baby sei alles in Ordnung. Irgendetwas in Frau K. sagte aber, dass nicht alles in Ordnung sei. Sie war wochenlang beunruhigt, wurde aber von ihrer Gynäkologin immer wieder beruhigt – es sei alles in Ordnung. Ihre Angst wirkte sich negativ auf ihre Beziehung aus. In der 20. Schwangerschaftswoche verließ sie ihr Mann. Er konnte mit Frau Ks. Ängsten nicht umgehen. Vielleicht würde er wiederkommen, wenn das Baby erst mal auf der Welt sei. Nun war Frau K. mit ihren Sorgen und Ängsten alleine. Immer wieder einmal hatte sie das Gefühl, ihr Baby nicht mehr zu spüren – sie führte das aber auf ihre Überängstlichkeit zurück und wollte deshalb nicht schon wieder zu ihrer Frauenärztin gehen. Dann bekam sie plötzlich Bauchschmerzen – es war am Beginn der 22. Woche. Nachdem es das erste Kind war, hatte Frau K. keine Ahnung, wie sich Wehen anfühlen. Sie hatte Angst, man könnte sie als »hysterisch« bezeichnen, und fuhr deshalb nicht gleich in die Klinik. Als ihre Schmerzen immer stärker wurden, rief sie den Notarzt, und sie wurde in die Klinik gebracht. Nach einigen Stunden war der kleine Junge geboren. – Das alles sei vor ein paar Stunden passiert.

Meine Frage, ob sie ihren kleinen Sohn gesehen habe, verneinte sie. Die Hebamme hätte gemeint, sie sollte das Baby lieber nicht anschauen, da es schon ein paar Tage tot im Mutterleib gewesen sei. Jetzt würde sie ihn aber doch gerne sehen, habe aber große Angst davor.

Ich fragte sie, ob es ihr recht sei, wenn ich den kleinen Felix – so hatte sie ihn genannt – anschaue und ihr beschreibe, wie er aussieht. Damit war sie einverstanden.

Ich ging in den Kreißsaal und fragte nach dem Baby. Die Hebamme meinte, es sei so schrecklich anzusehen, dass sie es gar nicht fotografiert hätten. Dann brachte sie mir den Kleinen in einer silbernen Nierenschale. Das kleine Menschlein sah zum Erbarmen aus – das Köpfchen war ziemlich verformt, Haut war kaum noch vorhanden, der Kleine hatte Ähnlichkeit mit einer rohen Leber, er war wirklich nicht besonders schön, und trotzdem fand ich, dass ein Foto von ihm für die Mutter wichtig sein könnte, genauso wie Hand- und Fußabdrücke. Ich ging zur Mutter zurück und beschrieb ihr den kleinen Felix – sie wollte ihn unbedingt sehen und ich ging zum Kreißsaal, um ihn zu holen.

Inzwischen hatte Felix ein kleines Mützchen auf, war in ein Seidentuch gewickelt und lag in einem Körbchen. So brachte ich ihn zu seiner Mutter. Zuerst hielt sie das Körbchen nur in den Händen, dann deckte sie ganz langsam das Baby auf und betrachtete ihren kleinen Sohn. Sie wies mich hin auf sein kleines Näschen, auf die putzigen Hände und Füße und meinte, er sei ein wunderschönes Baby.

Lange Zeit betrachtete sie ihn und streichelte ihren kleinen Sohn. Ich war sehr berührt und kämpfte mit den Tränen. Irgendwann schauten wir dann beide weinend auf diesen kleinen, schon so vollkommenen Menschen. Frau K. bat mich dann, ihren kleinen Felix zu segnen, was ich sehr gerne tat. Einige Zeit betrachteten wir den Kleinen noch, dann bat sie mich, ihn zum Kreißsaal zurückzubringen.

Tief gerührt ging ich mit dem kleinen Wesen zum Kreißsaal zurück und berichtete der Hebamme, wie anders doch die Augen einer Mutter sehen – sie fand ihren kleinen Felix einfach nur schön.

CHRISTIANE FLECK-BOHAUMILITZKY

Trauerwege

Trauer braucht Zeit. Sie kann nicht beschleunigt werden. Lass dich nicht unter Druck setzen, auch nicht von dir selbst. Abschiednehmen braucht Zeit.

Die Trauer ist ein langer Weg. Er kennt dunkle Passagen, Serpentinen, Sackgassen. Aber keine Abkürzung.

Aber immerhin, die Trauer ist ein Weg und keine Endstation. Dieser Weg führt zurück ins Leben.

GEORG SCHWIKART

Die zehn Rechte der Trauernden

1.
Du hast das Recht, traurig zu sein.
Trauer ist ein ganz normales Gefühl.

2.
Du hast das Recht, dich nicht schuldig zu fühlen.
Du hast keine Schuld am Tod des Menschen, um den du trauerst!

3.
Du hast das Recht, zu weinen.
Weine, wenn dir danach ist! Dafür muss sich niemand schämen.

4.
Du hast das Recht, zornig zu sein.
Vielleicht bist du zornig – auch das ist in Ordnung.
Schreie deine Wut heraus!

5.
Du hast das Recht, zu schweigen.
Wenn du magst, dann schweige. Wenn du reden möchtest, rede.

6.
Du hast das Recht, allein sein zu wollen.
Brauchst du Zeit zum Alleinsein, so nimm sie dir.

7.
Du hast das Recht, Angst zu haben.
Manchmal macht der Tod Angst. Sprich mit einem Menschen, dem du vertraust.

8.
Du hast das Recht, Fragen zu stellen.
Hast du Fragen? Es gibt keine falschen Fragen zum Tod. Darum frage.

9.
Du hast das Recht, dich zu erinnern.
Deine Erinnerungen kann dir niemand nehmen! Hüte sie wie einen Schatz.

10.
Du hast das Recht, zu lachen.
Sei fröhlich und lache, wenn dir danach ist –
du darfst dich über das Leben freuen!

GEORG SCHWIKART

Baum im Winter

Gehalten
in gefrorener Erde
steinigem Grab
dunkel
wächst er
dem Himmel entgegen.

Silberner Vogel
im kahlen Geäst
sing,
sing deinen Ton!
Sein zitternder Hauch
wird über Nacht und Frost sich legen.

CHRISTEL KEHL-KOCHANEK

Weitergehen

Weitergehen, Tag für Tag.
Weiterglauben, Tag für Tag.
Weiterzweifeln, Tag für Tag.
Weiterhoffen, Tag für Tag.
Weiterkämpfen, Tag für Tag.

Weitertrauern, Tag für Tag,
weiter, immer weiter,
bis du wieder ankommst
im Heute.

GEORG SCHWIKART

Tod und Trauer

Schwarze Verblendung
ins Auge geschlagen
im Licht zu bleiben

die Augen niederschlagen
dann die Töne

Stimmen sind es
die laut werden
um zu bleiben

gesagt ist
alles Gesagte

blind gesehen
Gesehenes

kein Licht
für Trauer

ANTON SCHLÖSSER

Trauer im Balkan
– Aus den Notizen eines EU-Beobachters im Kosovokrieg

In Peć, einer Stadt im Kosovo, begann im Spätherbst des Jahres 1999, drei Monate vor Beginn des Kriegs, eine Serie von Mordanschlägen. Sie richtete sich ausschließlich gegen Männer der albanischen Oberschicht. Mein Team hörte von Toten, die an der Peripherie der Stadt gefunden wurden. Beim dritten Fall rief uns ein Inspektor der Kriminalpolizei namens Batu an, und von da an eilten wir jedesmal zum Ort des Geschehens.

Die ansonsten nicht gerade mitteilungsfreudigen serbischen Dienststellen begrüßten die Präsenz internationaler Beobachter. In unserer Anwesenheit würden albanische Heckenschützen nicht wagen, auf serbische Polizisten am Tatort zu feuern. In der Folge trafen wir oft noch vor den Beamten der Spurensicherung ein.

Man kann aus toten Gesichtern nicht ablesen, an was sie im letzten Moment ihres Lebens gedacht haben. Uns allen stellte sich die Frage, hatten sie in die tödliche Waffe eines Albaners oder eines Serben geblickt. Eindeutig Hinrichtungen. Außer dem Loch in der Stirn waren die Toten nicht verunstaltet. Fast beiläufig lagen sie direkt neben den Straßen. Die Mörder wollten, dass sie rasch gefunden würden. In den Taschen der Ermordeten fand man ihre Ausweise, in den Händen des einen oder anderen Geldscheine, die sie den Henkern im Tausch für ihr Leben geboten hatten.

Das Team besuchte die Familien der Opfer. Dort suggerierte man uns – obgleich es mir, der ich die näheren Umstände kannte, höchst fragwürdig erschien –, dass sie von serbischen Milizen getötet worden seien. Fakt war, Albanische Familien waren von ihrer eigenen Freiheitsarmee, der UCK zutiefst eingeschüchtert. Die Angehörigen der Ermordeten belasteten automatisch den serbischen Staatsapparat. Natürlich hatte sie von den Hinrichtungen ihrer Landsleute durch die eigenen Partisanen gehört. Aber niemand wagte darüber zu sprechen. Political Correctness im Kosovo.

Ein Beispiel für diese Angst war das Verhalten einer Mutter, deren Sohn auf einem verschneiten

Feld, etwa zweihundert Meter hinter ihrem Bauernhof, getötet worden war.

Der Fall hatte sich in Istinic, also zehn Kilometer südlich von Peć zugetragen. Der Tote lag auf dem Rücken. Vor wenigen Stunden hatten Unbekannte ihn mit einer Pistole in die Stirn geschossen. Ein athletisch aussehender, dreiundzwanzigjähriger Student, der in Priština Jura studierte. Alle im Dorf gingen von der Täterschaft der serbischen Polizei aus. Die Mutter, eine schwergewichtige, energische Frau mit dunklen Augen und dunklem straff zurückgekämmten Haar betrachtete uns mit einer Mischung aus Trauer und Wut. Der Sohn war ihr ganzer Stolz gewesen. Mit finsterem Blick sagte sie, die Mörder sollten in gleicher Weise zur Rechenschaft gezogen werden.

Auch im Falle dieses Studenten waren wir vor den serbischen Untersuchungsbeamten, die sich fast nicht an den nächtlichen Tatort trauten, eingetroffen. In der Kälte harrten wir bei dem Toten aus, und die Frau lud uns ein, ins Haus zu kommen, in dem sich bereits Verwandte und Freunde aus dem Dorf versammelt hatten. Behutsam fragte ich durch Kastriot, meinen Übersetzer, mit wem der Tote am Nachmittag zusammen gewesen war und wer ihn zuletzt gesehen hätte.

Plötzlich meldete sich seine Schwester zu Wort, ein etwa zwölfjähriges Mädchen. Ein Auto habe mit abgeblendeten Scheinwerfern hinter dem Haus gehalten, ein dunkler Volkswagen vom Typ Golf. Das sei am frühen Abend gewesen. Ihr Bruder sei zu den Insassen gerufen worden. Die Räder des Autos hätten Schneeketten getragen und die Männer im Wagen weiße Umhänge. Die Fülle an Details, wie sie sich oft nur Kinder merken können. Im Raum war es still geworden. Alle lauschten der Kleinen. Man hörte nur ihre Stimme und die von Kastriot, der für mich übersetzte. Ich hatte das Gefühl, dass diese Einzelheiten auch der Familie das erste Mal zur Kenntnis gebracht wurden.

Eine schrille Glocke begann in meinem Kopf zu läuten. Es waren die weißen Umhänge. Erst vor wenigen Tagen hatte ich in unserem Büro in einem Fax gelesen, dass die UCK nach den letzten Schneefällen in weißen Tarnanzügen aufgetreten war. Ich fragte die Familie, ob es auszuschließen sei, dass der Tote kurz vor seinem Ende mit Angehörigen der UCK gesprochen habe. Die falsche Frage. Man spürte die Angst, die alle im Raum ergriff. Es war, als sei ein Vorhang gefallen.

Das Gesicht der Mutter war versteinert. Sie trug die Verantwortung für eine große Familie. Niemand wusste, wer im Raum vielleicht zur UCK gehörte. Ein falsches Wort konnte die Existenz des eigenen Clans vernichten. Stockend sagte sie:

»Mein Sohn ist tot. Auch wenn ich weiß, wer es war, wird er nicht wieder lebendig.«

In unseren Breiten wird die Länge des Trauerzugs im Allgemeinen daran bemessen, ob der Tote ein rechtschaffener Mensch war. Der Kosovo hatte eigene Regeln. Zweifellos war dieser Tote rechtschaffen. Sein Trauerzug war kurz.

WOLFGANG KAUFMANN

Schmerz

Der Schmerz
um deinen Tod
mein Kind

hat mich verletzt
bis in die tiefsten Tiefen
meines Inneren.

In der Wunde
habe ich dir
einen Platz gebettet

und so begleitest du mich
auf dem Weg
in mein neues Leben.

PETRA KLUTMANN

Aus dem Schatten

Tritt aus dem Schatten heraus,
wage dich wieder ins Licht.

Streif den Trauer-Mantel ab,
zieh die bunten Sachen an.

Erwecke die Sehnsucht neu,
schenk deinen Träumen Flügel.

Heilen will deine Seele,
geh mutig nur Schritt für Schritt.

Du darfst dein Glück genießen,
der Zukunft kannst du trauen.

GEORG SCHWIKART

VI

Verbunden mit den Vorausgegangenen

Es gibt keinen Maßstab für das Fehlen,
mit dem du uns fehlst.

DOROTHEE SÖLLE

Trauer

Das Kopfsteinpflaster
vor dem Haus
hat deinen Schritt
vergessen

Am alten Löschteich
sind deine Kinderspuren
in den tiefen Lehm
versunken

Die Zeichen
deines Lebens
schwinden
mehr und mehr

Doch wenn die Sonnenblumen
wiederkommen dann blüht
dein Name
in der gelben Luft
und sät sich aus
ins nächste Jahr

CURT HONDRICH

am grab

rauchblau die demut
mohnrot das gebet
tiefenentspannte stille

mein atem fiept

JOCHEN ARLT

Liebe Mutter

Es gibt Momente im Leben, da steht die Welt für einen Augenblick still, und wenn sie sich dann weiterdreht, ist nichts mehr, wie es war.

Im März 1949 hast Du mich das erste Mal in Deinen Armen gehalten und in dieser Welt begrüßt. Du hast mir mein Leben und Deine Liebe geschenkt – dafür danke ich Dir. Wir beide haben eine lange Zeit in dieser Welt zusammengelebt.

Am 24. Oktober hat sich unser gemeinsamer Lebensweg nun geschlossen und ich habe Dich in meinen Armen gehalten, als Du Dich auf den Weg zu Deiner letzten großen Reise begeben hast.

Du hattest immer so große Angst vor dem Tod – und er ist sanft und still zu Dir gekommen.

Es gibt Momente im Leben, da steht die Welt für einen Augenblick still, und wenn sie sich dann weiterdreht, ist nichts mehr, wie es war.

Jetzt müssen wir Abschied nehmen und ich begleite Dich noch ein kleines Stück auf Deinem Weg ins Paradies, wo Du Deine verehrten Eltern und Deinen geliebten Sohn wiedersehen wirst.

Mögen Engel Deinen Weg begleiten und Dich fest an ihrer Hand führen.

Adieu Mama

BEATA JANSSEN

Nie mehr

Den Leichnam sah ich, den Sarg, das Grab.
Man schüttelte mir mitleidig die Hand.
Doch immer noch warte ich,
dass du zur Tür hereinkommst und lächelst:
Da bin ich!

GEORG SCHWIKART

abschied

im garten hängt noch
der geruch
von deinem kleid

dir gehört jetzt
der blick
auf
Venedig

da wolltest du immer hin
wegen der brücken
und der arkaden
und weil das Wasser dort trägt
wahrscheinlich hast du beim gehen
dein hütchen geschwenkt
mit hoch erhobenen armen
doch wir
die wir am ufer des rheins
Schwemmholz verbrannten
hatten rauch in den augen
und sahen es nicht

JOLANDA FÄH

die gurkenschale

meinem vater

es war winter im dunkel der kindheit
in unserem Land
konnte man es sich kaum leisten
frische gurken zu kaufen
wir konnten es nicht

du kamst mit zwei frischen gurken an strahlend
im winter: Nikolaus Djado Mras (Väterchen Frost)
Ded Moros Santa Claas und das Christkind dazu
alle in einem

im stehen noch am gefrorenen fenster
hast du die gurken für mich geschält ich
dein eigenes Christkind aß und strahlte dich an
aß das saftige gurkenfleisch
du hast die schalen gegessen
in der nacht lag mir die grüne Schlange
schwer auf der brust
die gurkenschale
umschlang meinen schlaf

hält jeden zerrissenen traum unterwegs
heute noch

knotenfest

RUMJANA ZACHARIEVA

Das Gewicht der Seele

Heute früh ein Brief aus Berlin.
Eine Freundin teilt mit, daß amerikanische
Wissenschaftler durch eine Wiegemethode
vor, während und nach dem Sterben
herausgefunden haben: beim
Überqueren des letzten Flusses
gehen dem Menschen 21 Gramm
Gewicht verloren,
das Gewicht,
nehme ich an,
der Seele.

Heute abend ein Anruf, ein Freund
in London ist gestorben,
31 Jahre, Hirnschlag,
jetzt schon verwesender Leib
minus 21 Gramm Seele.
Die Stadt Wien wirst du nicht mehr
abbrennen sehen, Benny, und nicht
den Planeten Venus.
Wie hieß das letzte Mädchen?
War die Maschine gut geölt,
was war im letzten Glas?
Und wem galt dein letzter
Zorn?

Wog deine Seele diesen Leib
nicht mehr auf und zerschlug
dir das Hirn?

Ratlos sitzen deine Freunde vor den Frauen,
seltsam schmecken die Getränke,
kälter scheint die Erde.

Freudlos sitze ich diese Nacht über den Tasten
und verstehe doch nichts anderes
als mich an die 21 Gramm zu klammern,
die meine Finger schreiben machen
und meine Träume vorbereiten
auf den Tod.

JÖRG FAUSER

Reibekuchen

Sie waren deine Leibspeise, ich musste sie immer machen, wenn du zu Besuch kamst, ganze Berge konntest du davon verdrücken: Reibekuchen, frisch aus der Pfanne, schön ölig, dazu ein Bier und nachher einen Schnaps.

Wenn ich heute irgendwo Reibekuchen esse, selbst gebackene, in der Kneipe oder vor dem Hauptbahnhof, dann tue ich es zu deinem Gedächtnis.

GEORG SCHWIKART

Das leere Bett

Diese Masse da im Oberstübchen schien aus lauter belegten, ineinander verschlungenen Zungen zu bestehen. Zungen, die alle gleichzeitig einen Muskelkrampf bekamen. Cornelius kramte die Flasche hinter dem Vorhang hervor, goss sich zwei Fingerbreit ins Glas von gestern und trank mit der Langsamkeit dessen, der sich von nichts und niemandem mehr aus der Ruhe bringen ließ. Als die Schatten und der Wodka fast verschwunden waren, klingelte sein Telefon. Er erschrak so gut wie gar nicht.

»Nein, Cornelius, du bist doch nicht etwa schon auf?«

»Wie meinst du ...«, stotterte er übertölpelt. Dann fiel ihm ein, dass der Tag seiner Schwester vermutlich schon fünf, eher sechs Stunden alt war.

»Mutter geht's schlecht.«

»Schlimm. Aber was hat das mit meinem Aufstehen zu tun?«

»Mit deinem nicht. Aber mit meinem. Mutter kann nämlich gar nichts mehr alleine, und im Krankenhaus sterben will sie auf keinen Fall.«

»Will sagen?«

»Wenn ich noch länger unbezahlten Urlaub nehme, kann ich mir eine neue Stelle suchen, meinte mein Chef heute. Und du weißt ja, was wir hier am Hals haben ...«

»Ich denke ... schon.«

»Wie schön, dass du denkst! Wäre nämlich ein wunderbarer Zeitpunkt für dich, auch einmal an unsere Mutter zu denken.«

»Das tue ich doch.«

»Dann ist ja wieder einmal alles bestens. Hätte gern von dir in den nächsten Tagen eine klare Ansage, ob wir von deiner Seite mit so etwas Igittigittem wie Hilfe rechnen dürfen oder nicht.«

Seine Schwester, das wusste er nicht erst seit diesem Anruf, verachtete ihn dafür, dass er alles in den Schoß gelegt bekommen und nichts daraus gemacht hatte, während sie seit ihrem fünfzehnten Lebensjahr arbeitete und sich alles hatte erkämpfen müssen. Er war ledig geblieben und hatte auch kein Haus abzustottern, in dem neben Annegrets Familie auch ihrer beider Mutter wohnte.

Die Entschlossenheit kam über ihn wie eine wilde Reiterhorde. Er war so gerührt von sich selbst, dass er beschloss, Annegret zu überraschen. Kaum zwei Tage nach ihrem Anruf saß er schon im Zug. Beim Anblick der hellgrünen Frühlingslandschaften auf der anderen Seite der Fensterscheibe durchströmte ihn eine Wärme, die nicht vom Wodka kam, sondern von einer tiefen Dankbarkeit. Ja, dankbar sein dafür, dass er nun die Gelegenheit haben würde, sich bei seiner Mutter erkenntlich zu zeigen für all das, was sie für ihn getan hatte, und Annegret beweisen, dass er auch anders konnte.

»Na, dann komm mal rein«, sagte seine Schwester mit kehliger Stimme, als sie ihm die Tür öffnete.

»Hallo, Anne«, sagte er nur verlegen. In der Diele roch es, als habe jemand einen Herbsttag in Spiritus eingelegt.

»Du willst sicher sehen, wo Mama …«

»Ja, wenn das …«

Das Zimmer war schön hell, wie ihre Mutter es liebte, und vollkommen neu eingerichtet. Das Bett – eines jener medizinischen Lattenrost-Ungetüme mit hochflexibler Matratze, die der Kranke selbst per Knopfdruck in alle möglichen Positionen verstellen konnte. Die Bettdecke war zurückgeschlagen. Hatte es die schwer krebskranke Frau doch noch einmal allein auf die Toilette geschafft? Aber warum war das Laken so glatt? Cornelius überlief ein eisiger Hauch.

Am Fußende lag eine malvenfarbene Wärmflasche. Zitternd legte er die Hand darauf. War da drin nicht doch noch ein ganz klein wenig Wärme?

THOMAS FRAHM

Allein

Allein erwache ich; das Bett neben mir: leer. Du bist nicht mehr da. Seit Monaten schon. Und gerade dadurch scheinst du intensiver gegenwärtig als alle anderen Menschen, die da sind. Ich genieße dieses Gefühl deiner Nähe. Aber sie hinterlässt eine so schmerzliche Leere. Die kannst du nicht mehr füllen. Es wird Zeit, dass jeder sein eigenes Zimmer bekommt.

GEORG SCHWIKART

Senna Hoy

Seit du begraben liegst auf dem Hügel
Ist die Erde süß.

Wo ich hingehe nun auf Zehen,
Wandele ich über reine Wege.

O, deines Blutes Rosen
Durchtränken sanft den Tod.

Ich habe keine Furcht mehr
Vor dem Sterben.

Auf deinem Hügel blühe ich schon
Mit den Blumen der Schlingpflanzen.

Deine Lippen haben mich immer gerufen,
Nun weiß mein Name nicht mehr zurück.

Jede Schaufel Erde, die dich barg,
Verschüttete auch mich.

Darum ist immer Nacht an mir
Und Sterne schon in der Dämmerung.

Und ich bin unbegreiflich unseren Freunden
Und ganz fremd geworden.

Aber du stehst am Tor der stillsten Stadt
Und wartest auf mich, du Großengel.

ELSE LASKER-SCHÜLER

einmal

ein einziges mal
dich
wiedersehen

die pfeife im mund
das baguette in der hand
hüpfend

unter dem himmel der provence

HEIDE RIECK

Die Brücke von San Luis Rey

Die Liebe wird genug gewesen sein; alle Regungen der Liebe kehren zurück zu der einen, die sie entstehen ließ. Nicht einmal eines Erinnerns bedarf die Liebe. Da ist ein Land der Lebenden und ein Land der Toten, und die Brücke zwischen ihnen ist die Liebe – das einzig Bleibende, der einzige Sinn.

THORNTON NIVEN WILDER

VII

Lach den Tod doch aus

Es ist besser, der zweite Mann einer Witwe zu sein
als ihr erster.

SPRICHWORT AUS ARGENTINIEN

Rhythmusstörung

Ach Gott, du hast ja Recht, der Mensch ist sterblich.
Das ist so wahr, so richtig, so banal.
Zudem ist diese Sache auch noch erblich:
Irgendwann trifft's jeden mal.

Bis dahin werde Steuern ich entrichten,
und mittwochs muss die Biotonne raus.
Ich höre Bach, hab eheliche Pflichten,
zur Trauerfeier treff' ich meine Nichten,
Morgen kommt der Nikolaus.

Die Tochter kauft sich ständig teure Schuhe,
Wir brauchen dringend neues Klopapier.
Der Nachbarschaftsstreit lässt mir keine Ruhe,
die Liebesbriefe schimmeln in der Truhe,
ich war noch nie in Winsen an der Luhe.
Rom ist schön, doch ich bin hier.

Wir lernten sogar über Sex zu sprechen.
Und Transzendenzerfahrung kenn ich auch.
Sie bauen Häuser auf die letzten Flächen.
Für diesen Unfall wirst du tüchtig blechen.
Ganze Nächte lang konnten wir einst zechen!
Heilige Schwüre, Knochen, Bäume brechen.
Immer dicker wird mein Bauch.

Der Homo sapiens braucht Platz zum Wohnen.
Und ab und zu erfreut ihn Abendrot.
Bist du gerecht? Man wird es dir nicht lohnen.
Diogenes machte sich nichts aus Thronen,
ernährte sich genügsam oft von Bohnen.
Die Liebe lebt in allen Klimazonen.
Was künden uns die großen Religionen?
Mensch, bedenke deinen

GEORG SCHWIKART

Letzte Worte

Ich fühle, dass Margeriten über mir wachsen werden.
JOHN KEATS

Unordentlich gelebt, aber ordentlich gestorben.
MICHAIL BAKUNIN

Leck mich die ganze Welt am Arsch.
SOLDAT IM 2. WELTKRIEG, NACH PFARRER PAUL BAUER

Wie schade.
PAULA MODERSOHN-BECKER

Kriton, wir schulden dem Äskulap noch einen Hahn.
Vergiss nicht, die Schuld zu bezahlen.
SOKRATES

Bitt' schön, gehns' zur Seite.
EGON FRIEDELL, VOR DER SELBSTTÖTUNG DURCH STURZ AUS DEM FENSTER

Was fürchtest du? Mann, schlag zu!
SIR WALTER RALEIGH, ZU SEINEM HENKER

Ich hätte niemals den Whisky durch Martini ersetzen dürfen.
HUMPHREY BOGART

Wenn ich gewusst hätt, dass Sterben so schön ist.
KARL VALENTIN

Herr Jesu, mach es kurz.
LUISE, KÖNIGIN VON PREUSSEN

Jetzt ist es Zeit, ein wenig über Gott nachzudenken.
E. T. A. HOFFMANN

Das Testament des Herrn Krummenast

Es war an einem Abend Anfang Dezember im vergangenen Jahr, als ich den Schankraum betrat. Heribert Krummenast stand schon an der Theke. Er war mitten in einem Gespräch mit zwei mächtig angeheiterten Zeitgenossen, als er mich sah und – wie einen alten Freund – sofort herzlich begrüßte.

Er nahm sein Kölsch plus Deckel, ließ seine Gesprächspartner einfach stehen, hakte mich mit dem freien Arm unter und steuerte zielsicher den nächsten freien Tisch an.

»Es ist langsam an der Zeit, Tünnes!«, eröffnete er kryptisch unser Gespräch, mich – wie es seine Art war – jedes Mal mit einem anderen Namen ansprechend.

»Für was, Herr Krummenast?«

»Zeit für mein Testament, Jungchen!«, antwortete er mit wichtiger Miene. Es verschlug mir für einen kurzen Augenblick den Atem. Ich setzte automatisch Testament und Tod in direkten Zusammenhang, und das war so ziemlich das, was man mit der ungemein vitalen Person, die da grinsend neben mir saß und ihr Bierchen kippte, am wenigsten in Verbindung bringen konnte

»Lieber Herr Krummenast, was reden Sie denn da für ein makabres Zeug? Einen Augenblick! – Köbes, zwei Kölsch und zwei doppelte Körnchen!«, rief ich von unserem Tisch aus in Richtung des Kellners.

»Weißt du, Hermann-Josef, die Bilder und auch die Worte entziehen sich mir mehr und mehr ...«

»Wie meinen Sie das, Herr Krummenast?

»Genauso wie ich es sagte ... aber ich bin nicht traurig darüber. – Mach nicht so'n düsteres Gesicht, Kleiner! ... Nein, ich bin eher ... wie soll ich es sagen ... ja – interessiert!« Er blickte durch den Schankraum – durch die Wände dieser Stadt, die er so liebte. Sein Blick ging auf die Reise und durchkämmte die Unendlichkeit, wie es so wohl nur wenigen sehr alten Menschen gelingt, die das Abenteuer Leben voll ausgekostet haben.

So dachte ich, ohne ein Wort von mir zu geben. Krummenast schien wieder angekommen zu sein, sah mich forschend an und kicherte.

»Du kannst – obwohl du noch so jung bist – tatsächlich gut schweigen ... erstaunlich!«, bemerkte er amüsiert und tippte mir, ernster werdend, mit dem Zeigefinger hart auf die Brust.

»Verlern es nie, Jungchen! Trainiere ausdrücklich das bewusste Schweigen, damit es bei dir zu einer Automatik wird, so wie eine der unzähligen Disziplinen, die du sinnloserweise tagaus und tagein eh übst!«

Ich war seltsam berührt und auch irritiert. Ich befand mich in dem fast zur Gewohnheit gewordenen Zustand eines schwebenden Widerspruchs – der fast immer dann auftrat, wenn ich mich mit diesem Menschen im Gespräch befand.

»So, jetzt langt's, Sohnemann!« sagte Krummenast plötzlich. Das Klirren der Gläser und das Stimmengewirr der Gäste unserer Umgebung drängten sich in mein Bewusstsein, als hätte ich am Lautstärken-Regler eines Verstärkers gespielt. Heribert Krummenast indes bestellte unerschütterlich ein neues Gedeck, bestehend aus klarem Schnaps und kölschem Bier, und griff das ursprüngliche Thema auf, wobei er seine hohe Stirn in für mich beängstigende Falten legte:

»Nee, nee, ich glaub, es ist so weit, Häppes! Ich bin dabei, mich langsam zu verabschieden und freu mich schon, beim Chef da oben anzukommen. Ja, guck nur! Ich hab vor kurzem beschlossen, dass ich in den katholischen Himmel komme! Ende, aus, basta! Nicht drüber nachdenken! Und jetzt lass uns kräftig einen hinter die Binde gießen! Prost, Hans-Dieter!«, sagte er fröhlich grinsend zu mir und hob das großzügig gefüllte Schnapsglas, das der Kellner mit dem anderen Gesöff vor uns hingestellt hatte, in Mundhöhe.

»Prost, Herr Krummenast«, rief ich etwas zu laut und mit rauer Stimme, bevor wir das Zeug mit einem Schlag die Kehle hinunterstürzten.

Wir plauderten an jenem Abend über alles Mögliche und sparten in stiller Übereinkunft und gegenseitiger Rücksichtsnahme die Themen Abschied, Testament und Tod aus. Wir tranken weit über unser gewohntes Limit, unsere Bierdeckel zeigten mittlerweile mehr Graphit als freie Flächen. Schließlich machte ich Heribert Krummenast – aus Sorge um seinen Zustand – den Vorschlag, bei mir zu übernachten, da ich in unmittelbarer Nähe wohnte und über ein gemütliches Sofa zum Auspennen verfügte. Zu meiner Überraschung nahm er meinen Vorschlag an. Wir machten uns – nachdem ich beide Deckel bezahlt hatte – also auf den Weg, wobei sicherheitshalber ich sein historisches Rennrad neben mir her schob.

Das war meine letzte Erinnerung an Heribert Krummenast. Wie wir zu mir ins Haus, die Treppen hoch und ins Bett beziehungsweise aufs Sofa gekommen sind, weiß ich nicht mehr.

Am nächsten Morgen erwachte ich mit einem fürchterlichen Kater. Undeutlich erinnerte ich mich an den vorangegangenen Abend mit Heribert Krummenast und schlich leise ins Nebenzimmer, um nach ihm zu sehen.

Er war verschwunden. Stattdessen lag ein A5-Blatt auf der Liegefläche des benutzten Sofas. Ich nahm verwundert das Papier zur Hand und las einen mit akkurater Handschrift geschriebenen Text:

»Dies ist die Stunde, da die Fenster der Häuser / sich davonmachen, um sich am äußersten Rand / der Welt zu erhellen, da, wo unsere Welt dereinst tagt.
René Char«

Völlig entgeistert betrachtete ich die Zeilen und las sie mehrmals. Welch ein wunderbares und eigenartiges Gedicht; ein Text, der in mir wütete, sich aber meinem Bewusstsein versperrte. Ich besaß keinen Schlüssel für diese Zeilen, was mich nicht enttäuschte – im Gegenteil! Die Zeilen berührten mich auf einer für mich ungewohnten Ebene, aber das war mir nicht unangenehm.

Heribert Krummenast aber habe ich nie wieder gesehen, obwohl ich versuchte, ihn an allen möglichen Orten Kölns aufzuspüren. Er fehlte mir, und ich hatte das unbestimmte Gefühl, damit nicht der Einzige in der Stadt zu sein. Aber er blieb verschwunden.

Ungefähr drei Monate nach dem bewussten Abend im »Unkelbach« erfuhr ich vom Tod dieses eigentümlichen und lieben Menschen. Er war zwei Wochen zuvor stilvoll verstorben – ganz so, wie man es von ihm erwarten konnte, nämlich auf einem von ihm mitgebrachten billigen Klappstuhl in der Ausstellungshalle für Mittelalterliche Kunst des Wallraf-Richartz-Museums sitzend. Unter dem Bild »Muttergottes in der Rosenlaube« von Stefan Lochner ist er sanft entschlafen.

Die Beerdigung sollte am frühen Nachmittag des Tages, an dem ich von Krummenasts Ableben erfuhr, stattfinden, und ich musste mich beeilen, pünktlich zum Südfriedhof in Köln Zollstock zu erscheinen.

Die Bestattung auf dem riesigen Friedhof, auf dem auch meine Eltern »ruhten«, schien einer Volkserhebung gleichzukommen. Noch nie hatte ich so viele Menschen bei einer Beerdigung gesehen, – und alle Anwesenden schienen in aufrichtiger Trauer um den Menschen zu sein, der sich hier für immer verabschiedete. Sie betrauerten sich aber auch selbst, sie, die sich mit einem Male einsam und verlassen vorkamen.

Ich stand mit einigen Freunden, die ich zufällig unter der Trauergemeinde antraf, am offenen Grab, und wir hörten den merkwürdigen Ausführungen des Priesters zu, der offensichtlich von einem völlig anderen Verstorbenen lamentierte. Ich kramte unbewusst den Zettel mit dem Gedicht hervor, den ich seit dem Fund auf meinem Sofa stets bei mir trug, um ihn immer wieder – wie unter Zwang – zu lesen. Jörg zu meiner Rechten sah das Papier, holte ebenfalls einen Zettel aus seiner Manteltasche und zeigte ihn mir. Ich war verwundert und las:

»Seht die Erbauer der Ruinen an der Arbeit / Sie sind reich geduldig ordentlich schwarz und beschränkt / Aber sie tun ihr Bestes um auf Erden alleine zu sein / Sie sind an der Grenze des Menschen und überschütten ihn mit Unrat.
Paul Eluard«

Jörg flüsterte mir mit unsicherem Blick in Richtung des Grabes ins Ohr:

»Dies muss er mir irgendwann in der vorletzten Woche heimlich in die Tasche geschmuggelt haben. Einige andere, die ich zufällig kenne, haben ähnliche Texte nach Begegnungen mit ihm in den Taschen vorgefunden und sind seitdem – wie ich auch – etwas aus der Fasson.«

In dem Moment las einer der Trauernden laut und feierlich »Kann keine Trauer sein«, das letzte

Gedicht von Gottfried Benn. Es war der Hotelbesitzer, wie ich später erfuhr. Schließlich wurde der schmucklose Sarg mit dem Verblichenen ins Grab gelassen, während eine etwas ältere Dame, grell geschminkt und in gewagten Klamotten, unter Tränen die »Todesfuge« von Paul Celan rezitierte. Das musste die »Zuckerschnute« aus der Hornstraße sein, von der mir der liebe Kerl des Öfteren wortgewaltig vorgeschwärmt hatte. Eine stattliche Schönheit, stellte ich fest.

Jeder der Trauernden – so auch ich – holte sein Gedicht aus der Tasche, las es laut vor und verabschiedete sich so von dem geliebten Menschen. Es erklangen Gedichte von Majakowski, Trakl, Krolow, Bachmann, Hölderlin, Prévert, Jessenin – und vielen anderen wunderbaren Dichtern. Das war die wohl längste Kettenlesung eigenartiger und schöner Gedichten, die jemals stattfand – ein würdiger, wie von Heribert Krummenast dezent selbst geplanter Abschied.

Erst spätabends – es war bereits stockdunkel – löste sich die betroffene Menge allmählich und zögerlich auf. Sie waren alle ohne Ausnahme im Testament des Herrn Heribert Krummenast bedacht worden und fühlten sich reich beschenkt – ein jeder in der Gewissheit, ein besonders bevorzugter Freund im Leben des Verstorbenen gewesen zu sein.

RO WILLASCHEK (GEKÜRZTE FASSUNG)

Das Werk des Menschen

Wohin läufst du? Das Leben, das du suchst, wirst du nicht finden! Als die Götter die Menschheit erschufen, teilten den Tod sie der Menschheit zu, nahmen das Leben für sich in die Hand. Du, dein Bauch sei voll, ergötzen magst du dich Tag und Nacht! Feiere täglich ein Freudenfest! Tanz und spiel bei Tag und Nacht! Deine Kleidung sei rein, gewaschen dein Haupt, mit Wasser sollst du gebadet sein! Schau den Kleinen an deiner Hand, die Gattin freu' sich auf deinem Schoß! Solcher Art ist das Werk der Menschen!

AUS DEM GILGAMESCH-EPOS

Allahs Bote

»O König, leih mir dein schnellstes Kamel. Ich muss sofort nach Bagdad reiten.«

Mit fliegenden Gewändern war der Gärtner des Königs die Stufen des Palastes in Damaskus hinaufgestürmt.

»Was ist denn passiert, was dich so erschreckt hat?«

»Mein König«, antwortete der Gärtner aufgeregt, »soeben ist mir im Garten der begegnet, den sie den Boten Allahs heißen. Er hat die Arme erhoben und mir gedroht. Deshalb muss ich fort. Fern von hier, in Bagdad, werde ich sicher sein.«

Der König zögerte nicht und gab dem Gärtner sein bestes Kamel. Dieser ritt auf der Stelle los, so schnell das Tier laufen konnte. Der König aber begab sich in den Garten, wo er tatsächlich den Tod antraf. Er schimpfte mit dem Tod: »Was denkst du dir dabei, meinen treuen Gärtner so zu bedrohen?«

Allahs Bote schüttelte den Kopf: »Ich habe deinen Gärtner nicht bedroht. Ich war nur überrascht.«

Der König zornig: »Mach mir keine Ausflüchte, du hast ihn zu Tode erschreckt.«

»O nein«, antwortete der Tod, »ich habe nur die Hände über dem Kopf zusammengeschlagen. Ich war verwundert, deinen Gärtner hier in Damaskus zu sehen. Mein Auftrag ist, ihn heute Abend fern von hier, in Bagdad, zu holen.«

ARABISCHES MÄRCHEN

Zukunft

Treuer Gatte. Hier ruhst du in Frieden.
Bis wir uns wiedersehen.

GRABINSCHRIFT

Memento

Geliebte, willst du doppelt leben,
So sei des Todes gern gedenk,
Und nimm, was dir die Götter geben,
Tagtäglich hin wie ein Geschenk.

Mach dich vertraut mit dem Gedanken,
Dass doch das Letzte kommen muss,
Und statt in Trübsinn hin zu kranken,
Wird dir das Dasein zum Genuss.

Du magst nicht länger mehr vergeuden
Die Spanne Zeit in eitlem Hass,
Du freust dich reiner deiner Freuden
Und sorgst nicht mehr um dies und das.

Du setzest an die rechte Stelle
Das Hohe, Göttliche der Zeit,
Und jede Stunde wird dir Quelle
Gesteigert neuer Dankbarkeit.

THEODOR FONTANE

In der Warteschleife

Ich lebe in einem Sterbehospiz und träume immer wieder denselben Traum. Ich bin am Dulles-Airport und habe ein Ticket in den Himmel. Beim Betreten des Terminals werfe ich einen Blick auf die Abfluganzeige: Der Flug ins Jenseits geht vom letzten Gate.

Da ich nicht weiß, ob es im Flugzeug etwas zu lesen gibt, kaufe ich mir an einem Zeitschriftenstand die Vanity Fair, den New Yorker und den Playboy, außerdem eine Packung Kaugummi und ein paar M&Ms. Dann mache ich mich auf zum Security-Check.

Auf meinem Ticket steht: »Fürs Jenseits benötigen Sie lediglich Ihr Handgepäck. Achten Sie bitte darauf, dass sich darin keine Feuerzeuge oder scharfen Gegenstände befinden.«

Stundenlang stehe ich in der Schlange. Mit so vielen Passagieren habe ich nicht gerechnet.

Ich bin ziemlich erstaunt, als ich diverse Freunde treffe. Sie haben mit keinem Sterbenswörtchen verlauten lassen, dass sie ebenfalls den Abflug machen. Eine ganze Reihe von ihnen sind jünger als ich, und von zweien weiß ich, dass sie Raucher waren.

An der Sicherheitsschranke angekommen, klammere ich mich an mein Handgepäck wie ans liebe Leben.

»Sie brauchen Ihr Laptop nicht mitzunehmen«, sagt der Sicherheitsbeamte. »Da oben gibt's welche.«

»Ich will bloß nicht, dass die Tasche verloren geht«, sage ich. Dann soll ich meine Jacke, den Gürtel und die Schuhe ablegen.

Als ich frage, warum, erwidert er: »Schuhe sind da oben nicht so gern gesehen. Damit zerkratzen Sie nur das Parkett.«

Da ich einen Herzschrittmacher habe, muss ich eine spezielle Schranke passieren. Dann muss ich die Arme ausstrecken, meine Beine werden mit einem Detektor abgetastet.

Schließlich komme ich zum Abfluggate. Alles ist gerammelt voll. Da es im Wartebereich keine Sitzplätze mehr gibt, gehe ich ins Starbucks, um die Zeit totzuschlagen. Ich bin mir nicht sicher, ob es auf dem Flug ins Jenseits etwas zu essen gibt. Wahrscheinlich wieder mal bloß einen Bagel mit Streichkäse und einen alkoholfreien Drink. Eine Flugbegleiterin macht mich darauf aufmerksam, dass die Passagiere während des gesamten Flugs auf ihren Plätzen bleiben müssen. Was mir irgendwie absurd vorkommt, da ja wohl kaum jemand einen Flieger entführen würde, der ins Jenseits geht.

Im Flugzeug herrscht freie Platzwahl. Der Himmel mag ein wunderbarer Ort sein, aber erst mal sitzt man in Dreierreihen nebeneinander. Wie in jedem Flieger gibt es sicher Notausgänge – für den Fall, dass der Pilot es sich noch mal anders überlegt.

Die Flugbegleiterinnen in meinem Traum sehen allesamt wie Models aus.

Ich betrete den Wartebereich. »Der Flug ins Jenseits geht vom letzten Gate«, tönt es durch einen Lautsprecher. »Es sind Zwischenlandungen in Dallas, Chicago und Albuquerque angesetzt. Die Maschine ist soeben eingetroffen.«

Ich gehe zum Schalter und frage: »Gibt's eigentlich auch Bonusmeilen?«

»Wozu?«, fragt die Flugbegleiterin. »Sie kehren ja ohnehin nicht zurück.«

Und dann kommt der beste Teil meines Traums. Ich höre nämlich die nächste Durchsage: »Aufgrund der Wetterverhältnisse muss der heutige Flug storniert werden. Wenn Sie sich morgen erneut am Check-in-Schalter melden, setzen wir Sie auf die Warteliste.«

ART BUCHWALD

Ein Wunsch

Meine Hoffnung ist es, im Wirtshaus zu sterben, damit der Wein meinem Munde nahe ist. Heiter werden dann die Engelschöre singen: »Gott sei diesem Zecher gnädig.«

ARCHIPOETA

Todsicher

eingehen
werde ich wohl weder
in die Geschichte noch
ins Nirwana
und doch werde ich sicher
eingehen

GEORG SCHWIKART

Freude

Du hast mein Klagelied in einen Freudentanz verwandelt, mir statt des Trauerkleids ein Festgewand gegeben.

AUS PSALM 30

Quellenangaben

Einige der hier veröffentlichten Texte wurden eigens für dieses Buch verfasst; die Rechte liegen bei den Autorinnen und Autoren.Der Abdruck der folgenden Texte erfolgt mit freundlicher Genehmigung der jeweiligen Rechtsinhaber:

Ausschuss für Theologie, Gottesdienst und Kirchenmusik der Evangelischen Kirchengemeinde Hennef: Der christliche Glaube aus evangelischer Sicht. Hennef 2010

Biavaschi, Stefano: Der Prophet des Windes. Zwölf Weisheitsgeschichten. Münsterschwarzach 2013

Buchwald, Art: Ich hatte keine Ahnung, dass Sterben so viel Spaß machen kann. Berlin 2007

Fäh, Jolanda: Wadenbeissergedichte. CH-Oberegg 2009

Fauser, Jörg: Trotzki, Goethe und das Glück. Gesammelte Gedichte und Songtexte. Berlin 2004

Jörns, Klaus-Peter: Notwendige Abschiede. Auf dem Weg zu einem glaubwürdigen Christentum. Gütersloh, 5. Auflage 2010

Kaufmann, Wolfgang: Die Beobachter der Balkankrise. BoD 2004

Murakami, Haruki: Schlaf. Erzählung. Köln 3. Auflage 2010

Seong-Bok, Lee: Wie anders sind die Nächte. Gedichte. Göttingen 2011

Zacharieva, Rumjana: traumwechselstörung. Berlin 2013